현대인의 미래보감

- 운명과 인연 -

朴 柱 陽 編著

도서출판 주양문화사

編著者 朴 柱 陽

약력 및 저서

본　　적: 충남 논산시 상월면 대명리 560 (계룡산 국사봉 아래)

주　　소: 경기도 성남시 분당구 판교원로 46 1204동 504호
(운중동 산운마을)

생년월일: 1927년 3월 18일(병인생 음 1926년 11월 8일)

학　　력: 논산농업실수학교 1년 졸업

약력: 충남 천안시·부여군 교육청 관리과장 역임
서울시 교육청 사무관(관리국 재산관리계장)
경기여고·경복고 사무관
서울특별시 시립 마포·강서·도봉·구로 도서관장 역임

훈장: 녹조근정훈장 수령(대통령)
국가유공자증서 수령(대통령)
대한민국 6·25전쟁 정전60주년기념 호국영웅장 수령(대통령)

저서: 1. 주역 이론과 응용(교학사)
2. 역점의 신비(Ⅰ)(교학사)
3. 역점의 신비(Ⅱ)(브레인하우스)
4. 역점의 신비(Ⅲ)(브레인하우스)
5. 역점의 표준예규(브레인하우스)
6. 주양척사점교본(주양문화사)
7. 근세기를 장식한 성암 박주철선생 한시선(주양문화사)
8. 증보 주양척사점입문(주양문화사)
9. 현대인의 미래보감(주양문화사)

범 례

- 이 책은 척사점과 본서법에 뜻을 둔 초심자에게 그 조작방법을 터득토록 편집한 것이다.
- 예측의 대상은 예측가능하며 확실하고 가까운 국회의원 선거와 운동경기, 일부 시사문제 등에서 선정한 것이다.
- 예측의 결과는 실제상의 당(○)·낙(×), 승(○)·부(×)와 이론상의 맞음(○)·틀림(×)으로 각각 표시한 것이다.
- 사언절구와 오언절구는 주역의 잡괘전과 본문의 괘효사를 종합한 요해표로써 거기에다 선·악 구분까지 첨가해 실질적인 판단의 기초로 정한 것이다.
- 미래예측도에 기술한 괘효사의 해석은 해당 괘효사의 소상전(象曰, 상왈)을 지칭한 것이다.

서 문

미래보감이란 미래를 예측하는 좋은 거울이란 뜻으로 장래를 미리 알아낸다는 것이다. 즉 현재에 안주하지 않고 미래를 바르게 인식함으로써 실패와 불행을 예방하여 성공과 행복을 추구하자는 것이다.

필자는 1978년 경기여고 사무관 재직시부터 30여 년간 주역을 연구하여 저서 5권을 출간하였다. 또 2011년에는 주양척사점교본을 출간하였고, 2015년에도 증보판을 출간하여 절반의 성공을 올렸지만 주역이론의 난해한 장벽 때문에 이를 극복하지 못하고 답보상태에 머무르고 있었다.

2016년에 들어와서도 여러 종류를 망라한 총류·여자축구 월드컵경기·광주 유니버시아드경기·동아시안컵 축구대회 등 총 193건의 운수를 예측하여 보았지만 그 역시 괄목할 수준은 아니였다.

이러한 답답한 와중에서 일루의 타개책을 모색하던 가운데 환연히 떠오르는 착상이 있었다. 그것은 예측방법의 중추기관인 64괘를 만드는 방법은 고대 중국의 본서법을 모방하고 판단하는 방법은 근세조선(1810년 순조 시대)의 척사점법을 모방한 혼합방식을 취하는 것이였다. 그렇게 되면 현대인들이 난해하고 복잡하다는 단점을 보완하여 평이하고 간단한 미래예측이 가능할 것이다.

이를 위해 2016년 4·19총선에서 부분적 실험 결과 총 36건에 91%의 신비한 확률로 나타나 앞으로 이 제도를 고착시켜 발전시키면 미래예측의 내실을 다지게 된다. 또 이 책을 화룡점정(畵龍點睛)하여 빛나게 하기 위해 제4장에 '운명과 인연'을 추가하였다. 이는 대부분 필자의 90평생에 걸친 실제사항으로 마치 인생역정에 운명과 인연이 뒤따름과 같았다.

이제 다 쓴 원고를 출판·인쇄하여 후학들의 반려에 제공하고 아울러 먼 훗날까지 전하고자 하니 강호제현의 많은 협조와 지도편달을 바라는 바이다.

2016년 7월 일

편저자 茅谷 **朴 柱 陽** 씀

목 차

1. 척사점의 이론적 근거

2. 척사점의 다양한 응용

3. 척사점법을 기조로 한 본서법 절차의 예측방법

4. 운명과 인연

1. 척사점의 이론적 근거

'척사점'이란 윷을 던져 사람에게 올 운수를 예측하는 일련의 행위를 말한다.

(1) 척사점의 유래

척사점은 지금으로부터 약 4,000여 년 전에 중국 주나라 문왕 시대에 저술된 『주역』이 전래되어 상류사회에 보급된 이후에 시작되었다.

주역은 음양원리를 기조로 하여 만물의 생성원리를 규명하여 현실 생활에 접목시킨 위대한 사상서이며 인생지침서였다. 하지만 그 이론은 복잡난해하여 당시 학문적 자유가 제한되었던 평민에게는 그림의 떡이었다.

척사점은 주역을 모체로 약 200년 전인 1810년 조선 순조 시절에 주역 이론을 원용한 대동사회를 희구하던 조상님이 고난과 억압에 허덕이는 평민들을 구제하고자 시의에 알맞게 창제하였다. 그것은 미래를 예측하는 방법을 가르쳐 우환에 대비하고 생업에 종사케 하여 인간다운 삶을 인도하기 위해서였다.

그러나 그 진정한 바람은 양반 사회의 부정으로 주역의 적통이 아니라는 이유로 비록 조정의 관보에는 등재되었지만 인쇄본으로 발행되지 못하고 다만 필사본으로만 전해지게 되었다. 그나마 오류와 설명 부족으로 후세에 충분한 전달이 불가능한 상태였다.

그로부터 200년 후인 2009년경 충남 논산시 상월면 한천리 거주 한시학자 고 성암 박주철 선생의 문집에서 2매의 척사점 필사본을 발견하였는데 그 가운데 몇 개소가 중복되었음을 인지한 후 상당 기간 구명 끝에 본연의 모습으로 복원시켰다. 이로써 인멸에 직면한 척사점을 소생시켜 점명을 주양척사점이라 개명하였다.

(2) 척사점의 구성원리

① 雜卦傳

잡괘전은 난해한 주역의 원리를 일반사람들이 깨우치지 못할까 두려워하여 해설한 十翼 가운데 하나로 그 내용은 다음과 같다.
잡괘전은 卦의 뜻을 보통의 순서에 따르지 않고, 어지럽게 뒤섞어 乾과 坤, 震과 艮과 같이 두 개의 서로 대립하는 組合形態를 하나의 단위로 하여 상호 관계를 간명하게 서술한 것이다.

64卦는 陽剛과 陰柔로부터 이루어지고 있으나 乾과 坤의 二卦만은 달라서 乾䷀은 純陽이고 坤䷁은 純陰으로 各卦를 구성하는 基本的 卦인 것이다. 比䷇는 아래가 모두 順從하여 친(親)해지므로 즐겁(樂)고 師䷆는 무리를 움직여서 險을 行하므로 근심(憂)하는 것이다. 臨䷒은 나로써 사물에 임하기 때문에 주는(與) 의미가 있고 觀䷓은 사물이 모여서 나를 쳐다보기 때문에 바란(求)다고 말한 것이다. 屯䷂은 우레(☳)가 물(☵)을 만나는 것이나 우레(☳)가 움직이기 때문에 보이는 것이고 坎險으로는 갈 수 없기 때문에 그 자신의 장소를 움직이지 않는 것이다. 蒙䷃은 坎(☵)이 艮(☶)을 만나나 坎䷜은 어둡고 혼잡하여 섞인(雜)다고 한 것이고 艮(☶)은 광명하기 때문에 환히 보인다고 한 것이다. 震䷲은 陽이 아래에

서 움직이기 때문에 일어난(起) 것이고 艮䷳은 陽이 위에 멈추어 있어 만물의 마지막이고 최초이기 때문에 멈추는 것이다.

損䷨은 아직 쇠약한 것은 아니나 근본을 손상하여 있기 때문에 쇠퇴의 처음이고 益䷩은 아직 성한 것은 아니나 그의 기본을 북돋우어 있기 때문에 융성의 처음인 것이다.

大畜䷙은 나아가고 멈추는데 시의를 얻고 있는 것이고 无妄䷘은 조금도 자기에게 부를 만한 이유가 없는데도 재난을 만난다. 즉 밖으로부터의 재난으로 고생하게 되는 것이다. 萃䷬는 아래에 모여서 아직 위로 가지 않고, 升䷭은 올라가서 돌아오지 않는다. 謙䷎은 마음을 비워서 자신을 가벼이 하고 豫䷏는 만족하여 마음이 게을러지는 것이다. 噬嗑䷔은 음식을 먹는 것이고 賁䷕는 꾸미는 최고가 無色에 있다는 것을 말한 것이다. 兌䷹는 내강외유로 그 정을 보여 사람을 기쁘게 하는 것이고 巽䷸은 외강내유로 그 본심을 감추어서 사물에 따르는 것이다. 隨䷐는 일정한 주관 없이 시의에 따라 움직여 사람에 따르는 것이다. 蠱䷑는 치레를 하여 어지럽게 무너짐을 막는다. 剝䷖은 一陽이 궁극에 도달하였기 때문에 썩어 문드러지는 것이고 復䷗은 一陽이 아래에 생기기 때문에 돌아와 소생하는 것이다. 晉䷢은 해가 올라가므로 대낮이라 하고 明夷䷣는 해가 지면 다시 뜨게 되는 것이다.

井䷯은 기르는 데 끝이 없으므로 통하는 것이고 困䷮은 강유가 서로 만나서 강이 덥혀져 서로 통할 수 없는 것이다.

咸䷞은 느낌에 의하여 대응하기 때문에 빠르고 恒䷟은 오래간다. 渙䷺은 바람이 물을 흩어지게 하므로 離散한다 하고 節䷻은 물을 가두어두는 의미로 멈추게 하는 것이다. 解䷧는 험난에서 나와 어려움을 완화시키고

蹇(건)䷦은 험난을 보고 멈추는 것이기 때문에 곤란한 것이다. 睽(규)䷥는 서로 소외하는 것이고 家人(가인)䷤은 서로 친해져서 안에서 하는 것이기 때문에 한 집안도 한마음과 같은 단결이 이루어지는 것이다. 否(비)와 泰(태)는 전연 음양이 거꾸로 되어 있어 否(비)䷋는 큰 것이 가고 작은 것이 오며 泰(태)䷊는 작은 것이 가고 큰 것이 오니 그 부류를 정반대로 한 것이다. 大壯(대장)䷡은 이것을 그대로 발휘하여 함부로 나아가서는 아니되기 때문에 멈추게 하는 것이고 遯(둔)䷠은 때와 함께 가기 때문에 물러나는 것이다.

大有(대유)䷍는 가지고 있는 바가 많고 同人(동인)䷌은 서로 친하여 함께하는 사람이 많은 것이다. 革(혁)䷰은 오래된 것을 제거하는 것이고 鼎(정)䷱은 새로운 것을 기뻐하는 것이다. 小過(소과)䷽는 조금 지나치는 것이고 中孚(중부)䷼는 속에 믿는 마음이 있는 것이다. 豊(풍)䷶은 성대하기 때문에 일이 많고 旅(여)䷷는 교제하지 않은 사람뿐이므로 친분이 엷다. 離(이)䷝는 불이 타서 올라가는 것이고 坎(감)䷜은 물이 흘러서 내려가는 것이다. 小畜(소축)䷈은 한 음이 다수의 양을 멈추고자 하는 것이기 때문에 힘이 작은 것을 말하고 履(이)䷉는 하나의 음이 여러 양의 가운데에 있는 것이기 때문에 앞으로 나아가고 한곳에 머무르지 않는 것이다. 需(수)䷄는 乾(건)이 坎(감)의 아래에 멈추어 있는 상으로 기다려서 나아가지 않는 것이고 訟(송)䷅은 하늘과 물이 반대로 서로 가는 상이여서 서로 친하지 않는 것이다. 大過(대과)䷛는 가운데는 양강으로 성대하지만 본과 끝이 약하기 때문에 거꾸러지고 姤(구)䷫는 一유가 五강에 만나는 것이나 양강의 세계에 침입하여 내모는 형세가 있다. 漸(점)䷴은 여자가 시집가는 데는 남자로부터의 청혼을 기다려 가는 것이기 때문에 바른 남녀의 본분을 분별하여 있는 것이고 頤(이)䷚는 움직여서 멈추는 것을 알아 바른 것을 기르는 것이다. 旣濟(기제)䷾는 각각 그 위치를 얻어 완성시킨 상태이기 때문에 안정하여 있고 歸妹(귀매)䷵는 여자로서의 최후에 할 끝맺음을 얻고 있는 것이다.

未濟(미제)䷿는 전부가 부당의 위치에 있어 坎剛(감강)이 離柔(이유)의 아래에 있기 때문에 남자의 매우 어려운 지경이라 한다. 그러나 새로운 발전을 내포하고 있는 것이다. 夬(쾌)䷪는 決(결)로 五강이 하나의 유를 무너뜨리게 하기 때문에 군자의 도는 자라고 소인의 도는 쇠미하여 소인으로서는 우려하지 않으면 안 되게 되는 것이다.

역의 글로서의 진가는 길흉소장과 진퇴존망의 이치와 운수에 지나지 않으므로 이로써 마친다.

② 미래예측도

미래예측도란 앞으로 다가올 운수를 예측하기 위한 표준도로 上(상)층에는 괘명·잡괘전·점사·선악 구분, 下(하)층에는 양괘의 上下(상하) 괘상을 그린 다음 錯卦(착괘)의 경우는 上卦(상괘)에서 좌우 평행 종점에 ○표시하고 종괘의 경우는 上下卦(상하괘)의 斜線(사선) 종점에 ○표시하였다. 이것이 주역의 효사로써 잡괘전·효사·척사점 등 3종의 의미가 합치되도록 고안하였다. 따라서 최후의 예측판단은 36쪽에 나오는 요해표와 같은 선·악 구분에 의하되 쌍방의 운세가 비등할 경우에는 잡괘전에 판단키로 하였다. 그것은 척사점의 존재가치를 명백히 하고 아울러 예측하는 사람들에게 확신을 심어주기 위해서였다.

미래예측도

錯

(1) 一一一

乾(건)爲(위)天(천)

剛(강)

霖(임)雨(우)日(일)出(출)

(2) 二三二

坤(곤)爲(위)地(지)

柔(유)

牛(우)馬(마)逢(봉)虎(호)

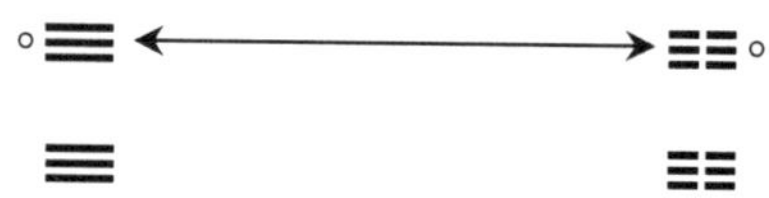

綜

(3) 五三二

水(수)雷(뢰)屯(둔)

見(현)而(이)不(불)失(실)其(기)居(거)

穉(치)兒(아)得(득)乳(유)

(4) 二二五

山(산)水(수)蒙(몽)

雜(잡)而(이)著(저)

魚(어)入(입)水(수)中(중)

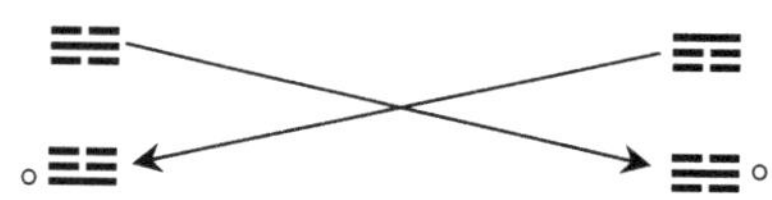

綜

(5) 一二二

水(수)天(천)需(수)

不(불)進(진)也(야)

得(득)罪(죄)無(무)恩(은)

(6) 二五二

天(천)水(수)訟(송)

不(불)親(친)也(야)

行(행)人(인)逢(봉)雨(우)

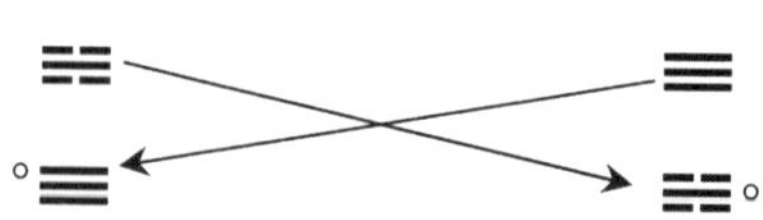

(7) 五一五

綜

地水師(지수사)
憂也(우야)
盲人得門(맹인득문)

(8) 三三一

水地比(수지비)
樂也(낙야)
魚變成龍(어변성룡)

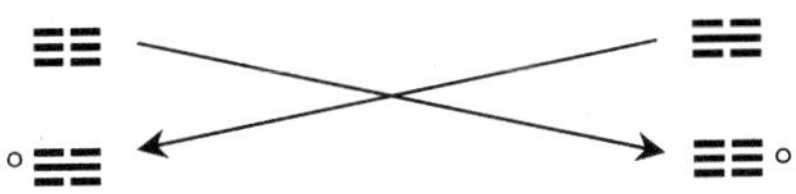

(9) 一三三

綜

風天小畜(풍천소축)
寡也(과야)
龍入海中(용입해중)

(10) 二一五

天澤履(천택리)
不處行進也(불처행진야)
良弓得矢(양궁득시)

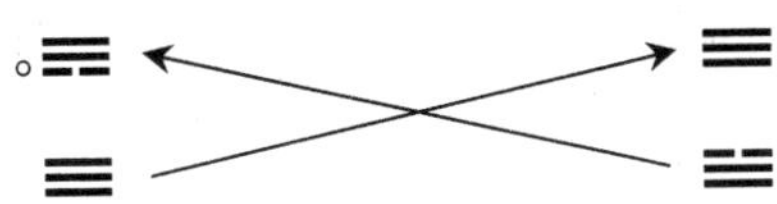

(11) 五二五

綜

地天泰(지천태)
反其類也(반기류야)
良弓無絃(양궁무현)

(12) 三三二

天地否(천지비)
反其類也(반기류야)
青龍昇天(청룡승천)

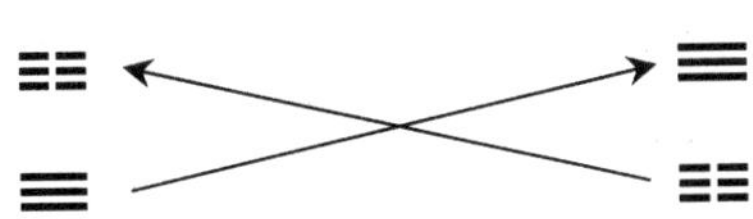

(13) 一五五

貧者得粟(빈자득속)
親也(친야)
天火同人(천화동인)

綜

(14) 二五一

無情逢不親(무정봉불친)
衆也(중야)
火天大有(화천대유)

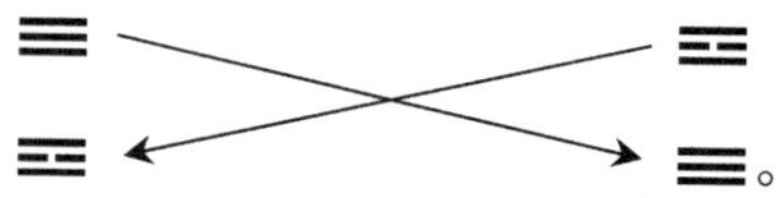

(15) 五三五

紛亂不吉(분란불길)
輕也(경야)
地山謙(지산겸)

綜

(16) 三三五

山僧還俗(산승환속)
怠也(태야)
雷地豫(뇌지예)

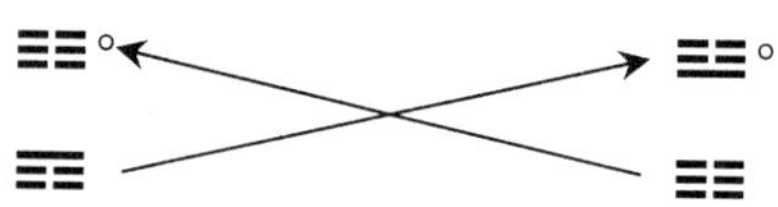

(17) 一一二

走馬不得(주마부득)
無故(무고)
澤雷隨(택뢰수)

綜

(18) 三三三

香花逢春(향화봉춘)
修飾也(수식야)
山風蠱(산풍고)

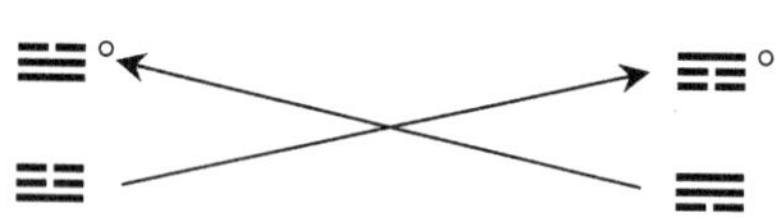

(19) 五一三

綜

龍入深淵 (용입심연)
或與 (혹여)
地澤臨 (지택림)

(20) 三一二

龍得如意珠 (용득여의주)
或求也 (혹구야)
風地觀 (풍지관)

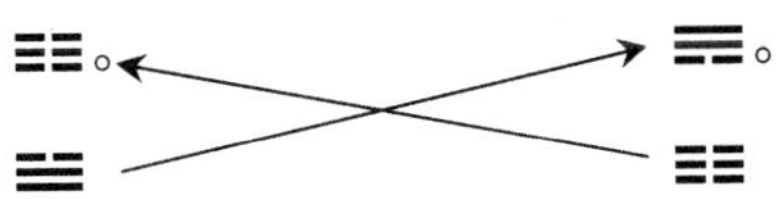

(21) 一一三

綜

暗中逢明 (암중봉명)
食也 (식야)
火雷噬嗑 (화뢰서합)

(22) 三一一

明君得賢臣 (명군득현신)
无色也 (무색야)
山火賁 (산화비)

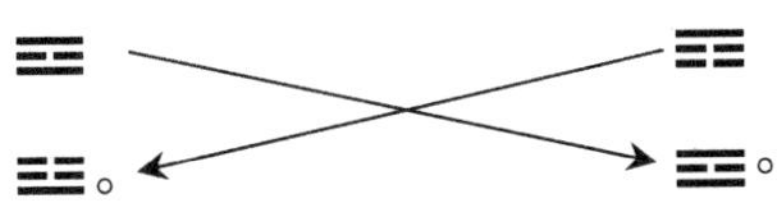

(23) 一二一

綜

人君失土 (인군실토)
爛也 (난야)
山地剝 (산지박)

(24) 三二五

魚躍雨中 (어약우중)
反也 (반야)
地雷復 (지뢰복)

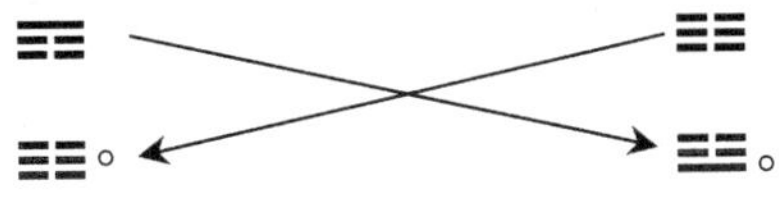

(25) 一一五

穉兒失母 (치아실모)
災也 (재야)
天雷无妄 (천뢰무망)

綜

(26) 三二二

貧者得錢 (빈자득전)
時也 (시야)
山天大畜 (산천대축)

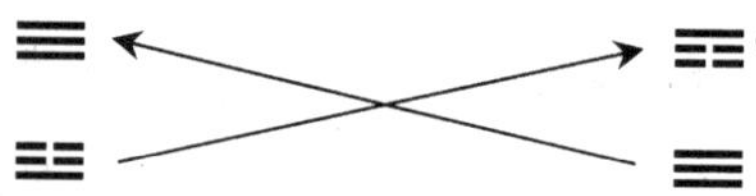

(27) 一三一

渴者得水 (갈자득수)
養正也 (양정야)
山雷頤 (산뢰이)

錯

(28) 三二一

蒼鷹無足爪 (창응무족조)
顚也 (전야)
澤風大過 (택풍대과)

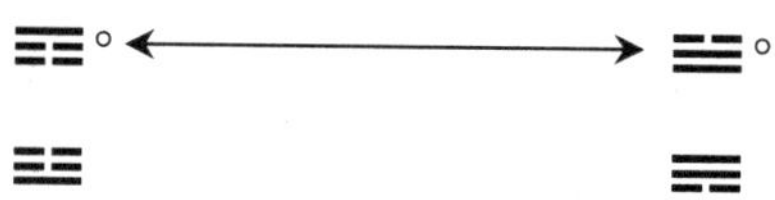

(29) 一二三

夜蠅撲燈 (야승박등)
下也 (하야)
坎爲水 (감위수)

錯

(30) 三五五

雪梅逢春 (설매봉춘)
上也 (상야)
離爲火 (이위화)

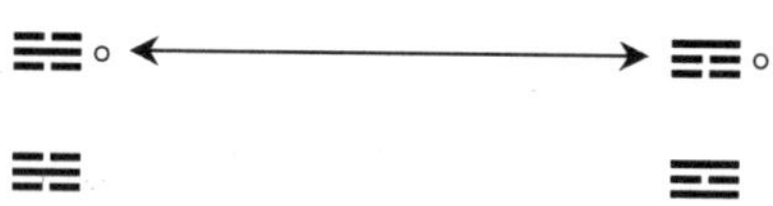

(31) 一五一

澤(택)山(산)咸(함)
速(속)也(야)
草(초)木(목)無(무)根(근)

綜

(32) 三五二

雷(뇌)風(풍)恒(항)
久(구)也(야)
馭(어)馬(마)無(무)鞭(편)

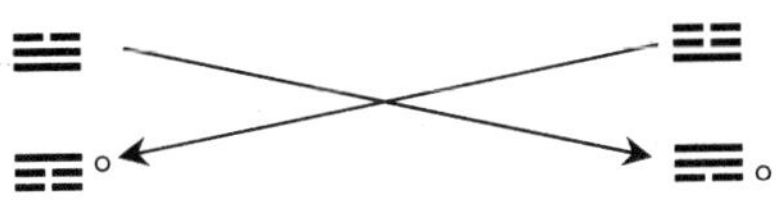

(33) 一三五

天(천)山(산)遯(둔)
退(퇴)也(야)
顚(전)木(목)復(부)生(생)

綜

(34) 五二二

雷(뇌)天(천)大(대)壯(장)
止(지)也(야)
人(인)無(무)手(수)足(족)

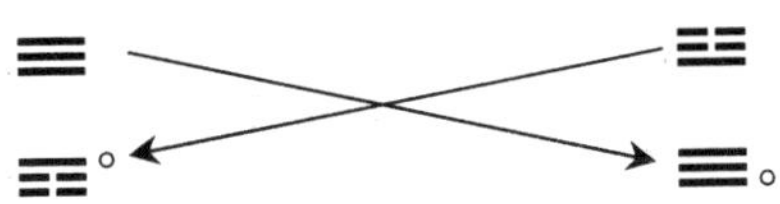

(35) 一二五

火(화)地(지)晉(진)
晝(주)也(야)
冬(동)蠅(승)逢(봉)春(춘)

綜

(36) 三一三

地(지)火(화)明(명)夷(이)
誅(주)也(야)
將(장)軍(군)勝(승)戰(전)

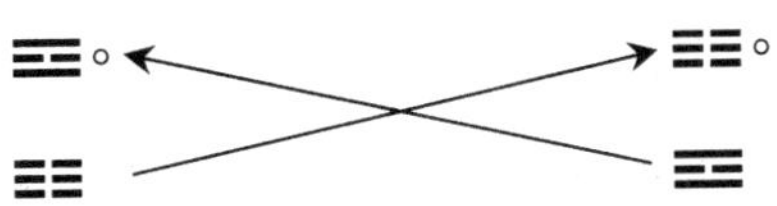

(37) 一三二

風火家人(풍화가인) 內也(내야) 飢中得食(기중득식)

(綜)

(38) 五三三

火澤睽(화택규) 外也(외야) 有弓無矢(유궁무시)

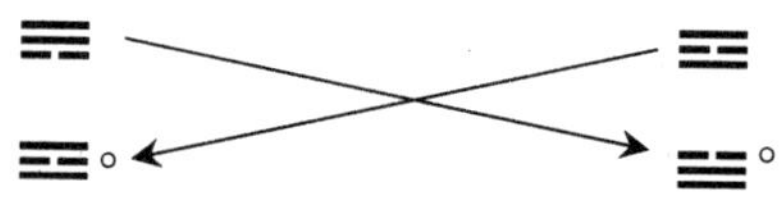

(39) 一五二

水山蹇(수산건) 難也(난야) 飛鶴中矢(비학중시)

(綜)

(40) 三二三

雷水解(뇌수해) 緩也(완야) 飢者得食(기자득식)

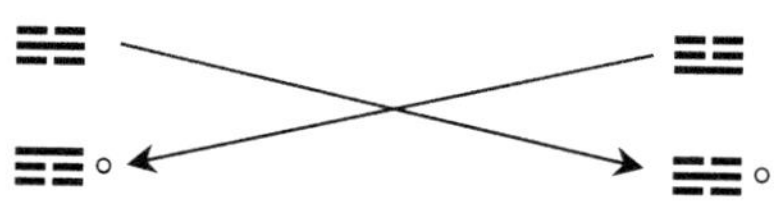

(41) 一五三

山澤損(산택손) 盛之始(성지시) 冬寒得衣(동한득의)

(綜)

(42) 五五一

風雷益(풍뢰익) 衰之始(쇠지시) 春花逢霜(춘화봉상)

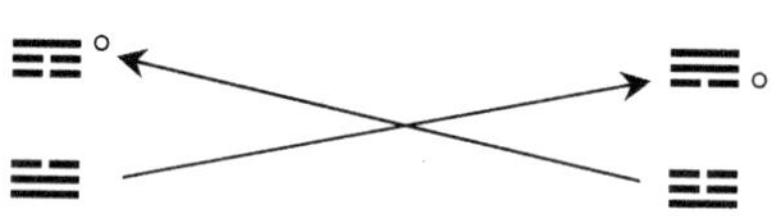

(43) 二二二

綜

澤天夬(택천쾌) 決也(결야) 龍昇靑天(용승청천)

(44) 三五三

天風姤(천풍구) 遇也(우야) 天師敗陣(천사패진)

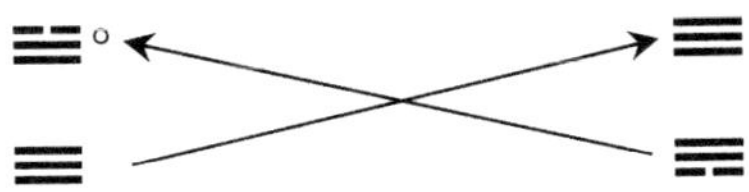

(45) 二一三

綜

澤地萃(택지췌) 聚也(취야) 良弓失矢(양궁실시)

(46) 五五二

地風升(지풍승) 不來也(불래야) 飛鶴蓬矢(비학봉시)

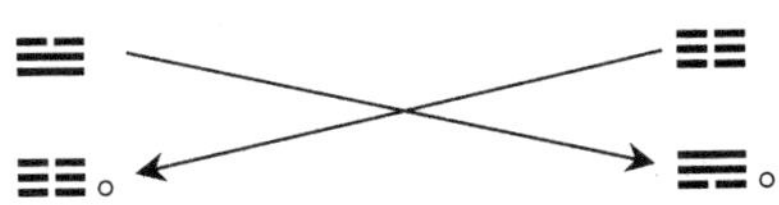

(47) 二一一

綜

澤水困(택수곤) 相遇也(상우야) 白日入雲(백일입운)

(48) 三一五

水風井(수풍정) 通也(통야) 明珠投江(명주투강)

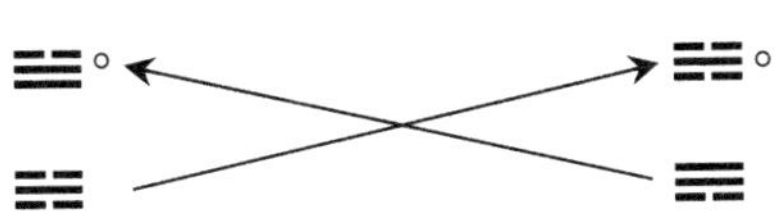

(49) 二三五

澤火革(택화혁) 去故也(거고야) 兎入網中(토입망중)

綜

(50) 五五三

火風鼎(화풍정) 取新也(취신야) 魚呑鈞餌(어탄조이)

(51) 二三三

震爲雷(진위뢰) 起也(기야) 行人失路(행인실로)

綜

(52) 三五一

艮爲山(간위산) 止也(지야) 離家失所(이가실소)

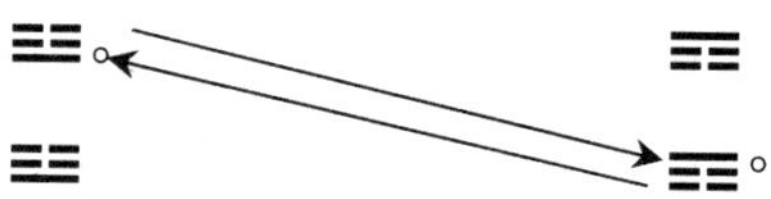

(53) 二三一

風山漸(풍산점) 女歸待男行也(여귀대남행야) 死病得藥(사병득약)

綜

(54) 五一二

雷澤歸妹(뇌택귀매) 女之終也(여지종야) 有功無恩(유공무은)

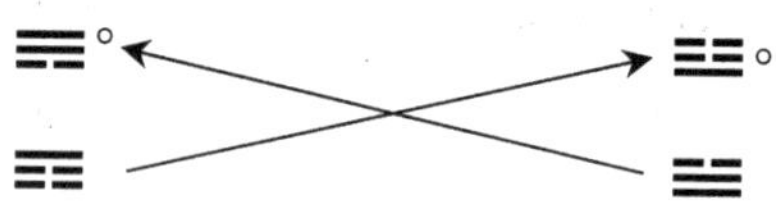

(55) 二五五

龍無如意珠(용무여의주)
多故也(다고야)
雷火豊(뇌화풍)

綜

(56) 五五五

兄入弟室(형입제실)
親寡旅也(친과려야)
火山旅(화산려)

(57) 二五三

行人得路(행인득로)
伏也(복야)
巽爲風(손위풍)

綜

(58) 五二三

人得長壽(인득장수)
見而(견이)
兌爲澤(태위택)

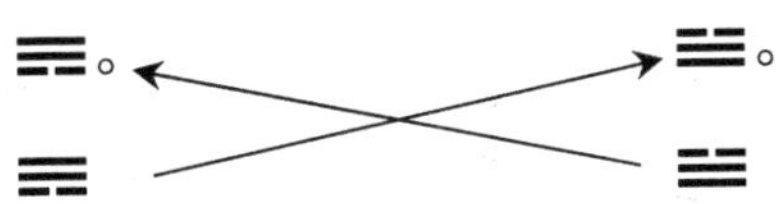

(59) 二二一

飛雉鷹逢(비치응봉)
難也(난야)
風水渙(풍수환)

綜

(60) 五一一

牝鷄司晨(빈계사신)
止也(지야)
水澤節(수택절)

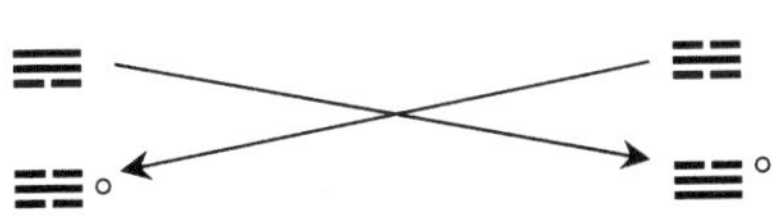

(61) 二一二

風澤中孚(풍택중부) 信也(신야) 弱馬重駄(약마중태)

㊊ 錯

(62) 五二一

雷山小過(뇌산소과) 過也(과야) 暗中得燭(암중득촉)

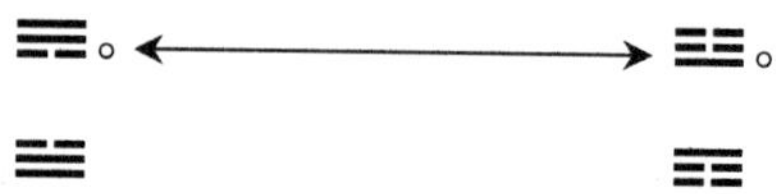

(63) 二二三

水火旣濟(수화기제) 定也(정야) 飢鷹逢雉(기응봉치)

綜

(64) 五三一

火水未濟(화수미제) 男之窮也(남지궁야) 大旱甘雨(대한감우)

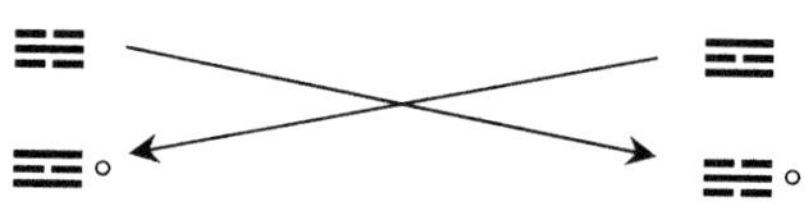

(3) 척사점의 특질과 효과

① 정신과학의 고차원적 특성을 지닌다.

② 조작방법이 쉽고 간편하여 여러 의심사를 신속하게 예측할 수 있다. 초기단계에서는 선거나 각종 경기 등 가시적 사물에 치중하여 점차 넓혀 나간다.

③ 대상범위는 원근을 불문하고 온갖 사건을 포괄한다.

척사점의 효과는 고유적 효과와 부수적 효과로 나누어지는데, 고유적 효과로는

- 사람에게 다가올 운수를 누구나 직접 판단할 수 있고,
- 각종 사회적 위해 및 안전상태를 예측해 불측의 재난을 예방하는 효과가 있다.

부수적 효과로는

- 척사점을 반복 사용함으로써 누구나 점차 조작기술이 늘어나게 되고,
- 척사점은 원래 신(神)의 매개로 얻어지는 계시(啓示)이기 때문에 평소 신을 우러러 존경하는 습성이 생기고,
- 척사점을 사용해 자신의 뇌신경을 잘 조절하기 때문에 노후의 치매증세를 예방할 수 있고,
- 척사점에 의해 평소 마음이 바르고 편안해져서 조금도 신명(身命)의 안위(安危) 따위에 걱정하지 아니하기 때문에 다른 사람에 비해 장수할 수 있고 그뿐 아니라 신의 가호로 재해를 예방하고 무서운 질병을 극복할 수 있다는 여러 가지 효과가 따른다.

2. 척사점의 다양한 응용

(1) 점치는 요령

① 사전의식

목욕재계한 다음 향불을 피우고 무념무상의 바른 마음으로 "태서(泰筮)의 유상함을 빌고자 하나이다. 아무개는 무슨 일의 가부를 알지 못하여 의심하는 바를 태서의 신(神)께 묻사오니 부디 길흉을 알려주시기 바랍니다"라고 빌며 마음속으로 생각한다. 이것을 '염(念)'이라 한다.

② 절차와 방법

점치는 자세를 갖춘 뒤 윷을 던진다. 도(1)·걸(3)·모(5)는 양, 개(2)·윷(4)은 음으로 이 가운데 윷(4)은 모(5)와 표리의 관계이므로 5로 통칭하였다.

이와 같이 세 번 던져 괘를 정하는데 그 숫자 기록은 우측에서 좌측(←)으로 거슬러 올라가고 다음에 나오는 요해표(36쪽)를 참조해 괘와 사언절구를 정하는데 이 경우에는 좌측부터(→) 一一一이면 건위천괘, 二三二면 곤위지괘 등으로 순차적으로 정하여 나간다.

윷의 규격은 18×2 cm의 밤나무 또는 아카시아 제품으로 한다.

(2) 점의 유형

① 단식방법

모든 의심사에 대해 단번에 예측하는 방법 즉, 사람의 신수나 증권시세의 등락을 예측하는 것이다.

② 복식방법

모든 의심사에 대해 쌍방을 서로 예측하여 가부를 상대적으로 비교판단하는 것으로 선거나 각종 경기에서 사용된다.

(3) 점칠 때 유의해야 할 점

① 바르지 않은 일을 점쳐서는 안 된다.

② 하찮은 일이나 상식적인 문제를 점쳐서는 안 된다.

③ 같은 문제를 여러 번 점쳐도 안 된다.

④ 알고자 하는 문제를 구체적으로 설정해야 한다. 막연하게 '나는 결혼을 할 수 있을까?'라는 식이어서는 안 된다. 'A와 결혼을 하려고 하는데 이루어질 수 있을까?'라는 식으로 문제의 범위를 압축해야 한다.

⑤ 자신의 역량에 알맞는 문제를 점쳐야 한다. 처음에는 가까운 미래의 일 또는 주변의 작은 일부터 점쳐 점치는 안목을 넓히고 점차적으로 기량을 쌓는 것이 좋다. 그런 다음 먼 미래의 일, 사회나 국가의 큰 일에 대해 점치는 것이 순서이다.

⑥ 점치고 싶은 욕망을 느낄 때 점치는 것을 점기(占機)라고 한다.

⑦ 마음이 어지러울 때에는 점을 쳐서는 안 된다. 점은 영감과 밀접한 관계가 있다. 마음이 어지러우면 맞을 리가 없다. 평소 점법에 대한 기량이 매우 높은 사람도 생활이 어려워지거나 이익에만 골몰하든지 하면 바르게 점칠 수 없다. 점을 칠 때에는 항상 경건한 태도와

평정한 마음을 가져야 한다.

(4) 점의 판단

① 사언·오언절구

한자 네 다섯 글자로 주역 64괘의 뜻을 자연풍경과 소박한 일상어로 알맞게 조립한 시구로써 미래를 예측하는 글귀다.

② 미래예측도

사언·오언절구로 판단하기 어려울 때는 주역 잡괘전과 64괘 소상전을 종합해 만든 미래예측도에 의거 해석하고 판단한다.

(5) 척사점 요해표(要解表)

64괘의 해석을 구비한 사언절구 요해표는 좋은 의미로 해석되는 긍정적인 부분 및 나쁜 의미로 해석되는 부정적인 부분으로 나누어 64괘 속에 혼재하여 모든 사물을 자유롭게 측정할 수 있는 신비한 방법이다.

이 중요한 곳을 해석한 기록(記錄)은 본래 주역의 이론에서 유래한 것으로 일건천(一乾天, 하늘)·이태택(二兌澤, 못)·삼리화(三離火, 불)·사진뢰(四辰雷, 천둥)·오손풍(五巽風, 바람)·육감수(六坎水, 물)·칠간산(七艮山, 산)·팔곤지(八坤地, 땅)의 세 자리 소성(小成)의 팔괘(八卦)를 모체(母體)로 하여 다시 팔괘를 각각 포갠 여섯 자리 대성(大成)의 64괘를 만들어 모든 사물의 운세를 예측하게 하였다.

① 一一一
건위천 임우일출
乾爲天 霖雨日出
오랜 장마에 해가 뜨다 (좋은 운)

② 二三二
곤위지 우마봉호
坤爲地 牛馬逢虎
마소가 상생의 범을 만나다 (좋은 운)

③ 五三二
수뢰둔 치아득유
水雷屯 稺兒得乳
어린아이가 젖을 얻도다 (좋은 운)

④ 二二五
산수몽 어입수중
山水蒙 魚入水中
물고기가 물속에 들어가다 (좋은 운)

⑤ 一二二
수천수 득죄무은
水天需 得罪無恩
죄를 범하여 은총이 없다 (나쁜 운)

⑥ 二五二
천수송 행인봉우
天水訟 行人逢雨
길 가는 사람이 비를 만나다 (나쁜 운)

⑦ 五一五
지수사 맹인득문
地水師 盲人得門
맹인이 문을 잡다 (나쁜 운)

⑧ 三三一
수지비 어변성룡
水地比 魚變成龍
물고기가 변하여 용이 되다 (좋은 운)

⑨ 一三三
풍천소축 용입해중
風天小畜 龍入海中
용이 바다 속으로 들어가다 (나쁜 운)

⑩ 二一五
천택리 양궁득시
天澤履 良弓得矢
좋은 활이 화살을 얻도다 (좋은 운)

지천태 양궁무현
⑪ 五二五 地天泰 良弓無絃
좋은 활이 줄이 없도다 (나쁜 운)

천지비 청룡승천
⑫ 三三二 天地否 靑龍昇天
푸른 용이 하늘에 오르다 (좋은 운)

천화동인 빈자득속
⑬ 一五五 天火同人 貧者得粟
가난한 사람이 곡식을 얻도다 (좋은 운)

화천대유 무정봉불친
⑭ 二五一 火天大有 無情逢不親
정이 없어 불친자를 만나다 (나쁜 운)

지산겸 분란불길
⑮ 五三五 地山謙 紛亂不吉
어지러워서 길하지 못하다 (나쁜 운)

뇌지예 산승환속
⑯ 三三五 雷地豫 山僧還俗
산승이 속세로 돌아오다 (나쁜 운)

택뢰수 주마부득
⑰ 一一二 澤雷隨 走馬不得
달리는 말을 잡지 못하다 (나쁜 운)

산풍고 향화봉춘
⑱ 三三三 山風蠱 香花逢春
향기나는 꽃이 봄을 만나다 (좋은 운)

지택림 용입심연
⑲ 五一三 地澤臨 龍入深淵
용이 깊은 연못 속에 들어가다 (나쁜 운)

풍지관 용득여의주
⑳ 三一二 風地觀 龍得如意珠
용이 여의주를 얻도다 (좋은 운)

화뢰서합 암중봉명
㉑ 一一三 **火雷噬嗑 暗中逢明**
어둠 속에서 밝음을 만나다 (좋은 운)

산화비 명군득현신
㉒ 三一一 **山火賁 明君得賢臣**
명군이 어진 신하를 얻다 (좋은 운)

산지박 인군실토
㉓ 一二一 **山地剝 人君失土**
임금이 영토를 잃도다 (나쁜 운)

지뢰복 어약우중
㉔ 三二五 **地雷復 魚躍雨中**
물고기가 빗속에서 뛰도다 (좋은 운)

천뢰무망 치아실모
㉕ 一一五 **天雷无妄 穉兒失母**
어린아이가 어미를 잃도다 (나쁜 운)

산천대축 빈자득전
㉖ 三二二 **山天大畜 貧者得錢**
가난한 사람이 돈을 얻도다 (좋은 운)

산뢰이 갈자득수
㉗ 一三一 **山雷頤 渴者得水**
목마른 사람이 물을 얻도다 (좋은 운)

택풍대과 창응무족조
㉘ 三二一 **澤風大過 蒼鷹無足爪**
푸른매가 발톱이 없도다 (나쁜 운)

감위수 야승박등
㉙ 一二三 **坎爲水 夜蠅撲燈**
밤 파리가 등불에 달라붙다 (나쁜 운)

이위화 설매봉춘
㉚ 三五五 **離爲火 雪梅逢春**
눈 속 매화가 봄을 만나다 (좋은 운)

㉛ 一五一 澤山咸(택산함) 草木無根(초목무근)

초목에 뿌리가 없도다 (나쁜 운)

㉜ 三五二 雷風恒(뇌풍항) 馭馬無鞭(어마무편)

말을 부리는 데 채찍이 없다 (나쁜 운)

㉝ 一三五 天山遯(천산둔) 顚木復生(전목부생)

쓰러진 나무가 다시 살다 (좋은 운)

㉞ 五二二 雷天大壯(뇌천대장) 人無手足(인무수족)

사람이 형제가 없도다 (나쁜 운)

㉟ 一二五 火地晉(화지진) 冬蠅逢春(동승봉춘)

겨울 파리가 봄을 만나다 (좋은 운)

㊱ 三一三 地火明夷(지화명이) 將軍勝戰(장군승전)

장군이 싸움에서 이기다 (좋은 운)

㊲ 一三二 風火家人(풍화가인) 飢中得食(기중득식)

굶주림 속에서 밥을 얻도다 (좋은 운)

㊳ 五三三 火澤睽(화택규) 有弓無矢(유궁무시)

활은 있으나 화살이 없도다 (나쁜 운)

㊴ 一五二 水山蹇(수산건) 飛鶴中矢(비학중시)

나는 학이 화살에 맞도다 (나쁜 운)

㊵ 三二三 雷水解(뇌수해) 飢者得食(기자득식)

굶주린 자가 밥을 얻도다 (좋은 운)

산택손 동한득의
㊶ 一五三 山澤損 冬寒得衣
추운 겨울에 옷을 얻도다 (좋은 운)

풍뢰익 춘화봉상
㊷ 五五一 風雷益 春花逢霜
봄 꽃이 서리를 만나다 (좋은 운)

택천쾌 용승청천
㊸ 二二二 澤天夬 龍昇青天
용이 푸른 하늘에 오르다 (좋은 운)

천풍구 천사패진
㊹ 三五三 天風姤 天師敗陣
임금의 군대가 싸움에서 패하다 (나쁜 운)

택지췌 양궁실시
㊺ 二一三 澤地萃 良弓失矢
좋은 활이 화살을 잃도다 (나쁜 운)

지풍승 비학봉시
㊻ 五五二 地風升 飛鶴逢矢
나는 학이 사기(邪氣)를 쫓다 (좋은 운)

택수곤 백일입운
㊼ 二一一 澤水困 白日入雲
쨍쨍한 햇볕이 구름 속에 들도다 (나쁜 운)

수풍정 명주투강
㊽ 三一五 水風井 明珠投江
밝은 구슬을 강물 속에 던지다 (좋은 운)

택화혁 토입망중
㊾ 二三五 澤火革 兎入網中
토끼가 그물 속에 들어가다 (좋은 운)

화풍정 어탄조이
㊿ 五五三 火風鼎 魚呑鈎餌
고기가 낚싯밥을 삼키다 (좋은 운)

진위뢰 행인실로
㉛ 二三三 震爲雷 行人失路
길 가는 사람이 길을 잃도다 (나쁜 운)

간위산 이가실소
㉜ 三五一 艮爲山 離家失所
집을 떠나 살 곳을 잃도다 (나쁜 운)

풍산점 사병득약
㉝ 二三一 風山漸 死病得藥
죽을 병에 약을 얻도다 (좋은 운)

뇌택귀매 유공무은
㉞ 五一二 雷澤歸妹 有功無恩
공은 있으나 은총은 없도다 (나쁜 운)

뇌화풍 용무여의주
㉟ 二五五 雷火豊 龍無如意珠
용이 여의주가 없도다 (나쁜 운)

화산려 형입제실
㊱ 五五五 火山旅 兄入弟室
형이 아우 방에 들도다 (나쁜 운)

손위풍 행인득로
㊲ 二五三 巽爲風 行人得路
길 가는 사람이 길을 얻도다 (좋은 운)

태위택 인득장수
㊳ 五二三 兌爲澤 人得長壽
사람이 오래 살도다 (좋은 운)

풍수환 비치응봉
㊴ 二二一 風水渙 飛雉鷹逢
나는 꿩이 매를 만나다 (나쁜 운)

수택절 빈계사신
㊵ 五一一 水澤節 牝鷄司晨
암탉이 새벽을 알리다 (나쁜 운)

⑹ 二一二 풍택중부 약마중태
風澤中孚 弱馬重馱
여윈 말에 무거운 짐을 실을 만하도다 (좋은 운)

⑹ 五二一 뇌산소과 암중명촉
雷山小過 暗中明燭
어둠 속에서 촛불을 켜다 (좋은 운)

⑹ 二二三 수화기제 기응봉치
水火旣濟 飢鷹逢雉
굶주린 매가 꿩을 만나다 (좋은 운)

⑹ 五三一 화수미제 대한감우
火水未濟 大旱甘雨
큰 가뭄에 단비가 오도다 (좋은 운)

(6) 척사점의 점단사례

(가) 2015년 총류

예측수 100

맞은수 ○ 86

틀린수 × 14

맞은율 86%

① 2015년 1월 4일 북한 김정은의 정상회담 역제의 성사될까?

김정은 一二一 ㉓ 山地剝(산지박) 人君失土(인군실토) ×○

북한 김정은은 '임금이 영토를 잃었다'라는 나쁜 운수로 회담은 '성사되지 못하리라'고 예측하였다. 과연 아무런 성과가 없었다.

② 2015년 1월 25일 이완구 총리내정자가 인사청문회에서 통과될까?

이완구 二三二 ② 坤爲地(곤위지) 牛馬逢虎(우마봉호) ○○

국무총리로 내정된 이완구 대표는 '마소가 상생의 범을 만나다'라는 좋은 운수로 청문회에서 '통과되리라'고 예측하였다. 여야가 가파르게 대치했던 이완구 총리후보자에 대한 임명동의안이 2월 16일 국회에서 가결되었다. 이날 본회의에서는 재적의원 295명 중 정의당이 불참한 가운데 새누리당 155명, 새정치민주연합 124명, 무소속 2명 등 281명이 참석했다. 찬성 148표, 반대 128표, 무효 5표로 가결정족수 141표에 7표차로 가결되었다.

③ 2015년 1월 31일 2015년 아시안컵 결승전에서 어느 팀이 승리할까?

대한민국 三五二 ㊹ 天風姤(천풍구) 天師敗陣(천사패진) ×○

호 주 二五三 ㊼ 巽爲風(손위풍) 行人得路(행인득로) ○○

대한민국은 '임금의 군대가 싸움에 패하다'라는 나쁜 운수이고 호주는 '길 가는 사람이 길을 얻다'라는 좋은 운수로 양자를 대비한바 호주가 '승리하리라'고 예측하였다. 실전결과 전반전에서 호주팀이 1골을 민저 넣었고 후반전에 들어가 한국팀이 1골을 만회하여 1 : 1로 끝날 듯했다. 그러나 연장전에서 호주팀이 1골을 넣은 것이 결승골이 되어 결국 호주팀이 2대 1로 승리하였다.

④ 2015년 2월 2일 실시되는 새누리당 원내대표 경선에서 누가 당선될까?

이주영 一一二 ⑰ 澤雷隨(택뢰수) 走馬不得(주마부득) ×○

유승민 二二三 ㊳ 水火旣濟(수화기제) 飢鷹逢雉(기응봉치) ○○

이주영 후보는 '달리는 말을 잡지 못하다'라는 나쁜 운수이고 유승민 후보는 '굶주린 매가 꿩을 만나다'라는 좋은 운수로 양자를 대비한바 '유승민 후보가 당선되리라'고 예측하였다. 개표 결과 유승민 후보가 84 : 65로 당선되었다.

⑤ 2015년 2월 8일 실시되는 새정치민주연합의 당대표 경선에서 누가 당선될까?

박지원 三二五 ㉔ 地雷復(지뢰복) 魚躍雨中(어약우중) ××

문재인 三三五 ⑯ 雷地豫(뇌지예) 山僧還俗(산승환속) ○×

박지원 후보는 '물고기가 빗속에서 뛰다'라는 좋은 운수이고 문재인 후보는 '산승이 속세로 돌아가다'라는 나쁜 운수로 양자를 대비한바 '박지원 후보가 당선되리라'고 예측하였다. 그러나 막상 개표결과 근소한 차이로 문재인 후보가 당선되었다.

⑥ 2015년 2월 18일 해수부장관으로 내정된 유기준 후보가 인사청문회에서 통과될까?

유기준 三三二 ⑫ 天地否(천지비) 青龍昇天(청룡승천) ○○

해수부장관으로 내정된 유기준 후보는 '푸른 용이 하늘에 오르다'라는 좋은 운수로 '청문회에서 무사통과되리라'고 예측하였다. 3월 9일 국회 정무위원회에서 유기준 후보의 인사청문보고서가 채택되었다.

⑦ 2015년 2월 18일 국토부장관으로 내정된 유일호 후보가 인사청문회에서 통과될까?

유일호 二二二 ㊸ 澤天夬(택천쾌) 龍昇青天(용승청천) ○○

국토부장관에 내정된 유일호 후보는 '용이 푸른 하늘에 오르다'라는 좋은 운수로 '청문회에서 무사통과되리라'고 예측하였다. 3월 9일 국회 정무위원회에서 유일호 후보의 인사청문보고서가 채택되었다.

⑧ 2015년 2월 18일 통일부장관으로 내정된 홍용표 후보가 인사청문회에서 통과될까?

홍용표 五二二 ㉞ 雷天大壯(뇌천대장) 人無手足(인무수족) ○×

통일부장관에 내정된 홍용표 후보는 '사람이 형제가 없다'라는 나쁜 운수로 '청문회에서 통과되기 어렵다'고 판단하였다. 3월 13일 국회 외교통일위원회에서 진통 끝에 야당이 주장한 '부적격' 의견을 넣는 선에서 홍용표 후보의 인사청문보고서가 채택되었다.

⑨ 2015년 2월 18일 임종용 금융위원장 내정자가 인사청문회에서 통과될까?

임종용 二五五 ㊺ 雷火豊(뇌화풍) 龍無如意珠(용무여의주) ○×

금융위원장에 내정된 임종용 후보는 '용이 여의주가 없다'라는 나쁜 운수로 '청문회에서 통과되기 어렵다'라고 예측하였다. 3월 10일 국회 정무위원회에서 진통 끝에 임종용 후보에 대한 인사청문보고서가 채택되었다.

⑩ 2015년 2월 21일 설날장사씨름대회 백두장사 결승전에서 강선복과 손명호 중 누가 승리할까?

강선복 三一三 ㊱ 地火明夷(지화명이) 將軍勝戰(장군승전) ○○

손명호 二一五 ⑩ 天澤履(천택리) 良弓得矢(양궁득시) ××

강선복은 '장군이 싸움에서 이기다'라는 좋은 운수이고 송명호도 '좋은 활이 화살을 얻다'라는 좋은 운수로 양자를 대비한바 우열을 가리기 어려워 미래예측도의 잡괘전 괘효사로 재감정하기로 하였다. 강선복은 地火明夷卦 六二효에 의하면 '왼쪽 넓적다리를 다친 정도로 이를 구원하는데 씩씩한 말로 하면 좋다'라 하였고 손명호는 '범의 꼬리를 밟으니 삼가 두려워하면 좋다'라 하여 양자를 대사한바 강선복이 '승리하리라'고 예측하였다. 실전결과 강선복이 승리하여 백두장사가 되었다.

⑪ 2015년 2월 26일 외통위원장 보궐선거에서 나경원 후보가 당선될까?

나경원　二一二　(61) 風澤中孚(풍택중부) 弱馬重駄(약마중태)　○○

나경원 후보는 '여윈 말에 무거운 짐을 실을 만하다'라는 좋은 운수로 '어렵지만 당선되리라'고 예측하였다. 실전결과 총 투표수 208표 중 178표를 얻어 당선되었다.

⑫ 2015년 2월 27일 대법관으로 내정된 박상옥 후보가 인사청문회에서 통과될까?

박상옥　二三三　(51) 震爲雷(진위뢰) 行人失路(행인실로)　○×

박상옥 후보는 '길 가는 사람이 길을 잃었다'라는 나쁜 운수로 통과되기 어렵다고 예측하였다. 청문회에 들어가 여야 간 의견의 불합치로 청문보고를 채택하지 못하고 90여 일을 천연하다가 마침내 100일이 되던 날 국회의장의 직권상정으로 야당 불참리에 여당 단독으로 본회의에서 통과시켰다.

⑬ 2015년 2월 27일 국정원장으로 내정된 이병호 후보가 인사청문회에서 통과될까?

손위풍 행인득로

이병호 二五三 ㊿巽爲風 行人得路 ○○

이병호 후보는 '길 가는 사람이 길을 찾다'라는 좋은 운수로 무난하게 통과되리라고 예측하였다. 3월 17일 국회 정보위원회에서 인사청문보고서를 채택하였다.

⑭ 2015년 3월 12일 열리는 인사청문회에서 조용구 중앙선거관리위원이 통과될까?

택화혁 토입망중

조용구 二三五 ㊾澤火革 兎入網中 ○○

조용구 후보자는 '토끼가 그물 속에 들어가다'라는 좋은 운수로 '통과되리라'고 예측하였다. 청문회 결과 인사청문보고서가 전원 찬성으로 채택되었다.

⑮ 2015년 3월 17일 이스라엘 총선에서 리쿠트당이 승리할까?

택천쾌 용승청천

리쿠트당 二二二 ㊸澤天夬 龍昇青天 ○○

여당인 리쿠트당은 '용이 푸른 하늘에 올라가다'라는 좋은 운수로 이스라엘 총선에서 '승리하리라'고 예측하였다. 개표결과 리쿠트당이 승리하였다.

⑯ 2015년 3월 18일 중국이 주도하는 AIIB(아시아인프라투자은행)에 한국이 가입될까?

대한민국 二二二 ㊸ 澤天夬(택천쾌) 龍昇青天(용승청천) ○○

한국은 '용이 푸른 하늘에 오르다'라는 좋은 운수로 중국이 주도하는 AIIB에 '가입하리라'고 예측하였다. 신청결과 정식회원국으로 확정되고 여러 회원국 중 다섯 번째의 특혜국이 되었다. 2015년 11월 30일 국회에서 비준안이 우열곡절 끝에 통과되었다.

⑰ 2015년 3월 18일 미국이 주도하는 사드(고고도미사일방어체계)가 한국에 배치될까?

대한민국 五三一 (64) 火水未濟(화수미제) 大旱甘雨(대한감우) ○○

한국은 '큰 가뭄에 단비가 오다'라는 좋은 운수로 '북한의 전쟁 도발시 사드를 배치하게 될 것'이라고 예측하였다.

⑱ 2015년 3월 30일 축구 국가대표 평가전에서 어느 팀이 승리할까?

대한민국 三三一 ⑧ 水地比(수지비) 魚變成龍(어변성룡) ○○

뉴질랜드 三二三 ㊵ 雷水解(뇌수해) 飢者得食(기자득식) ×○

대한민국은 '물고기가 변하여 용이 되다'라는 좋은 운수이고 뉴질랜드도 '굶주린 사람이 밥을 얻다'라는 좋은 운수로 양자를 대사한바 운세면에서 '대한민국이 승리하리라'고 예측하였다. 31일 실전결과 대한민국이 3 : 1로 승리하였다.

⑲ 2015년 4월 4일 프로농구 챔피언 결승전(4차전)에서 어느 팀이 승리할까?

원주동부　二三三　⑤1 震爲雷(진위뢰) 行人失路(행인실로)　×○

울산모비스 二五三　⑤7 巽爲風(손위풍) 行人得路(행인득로)　○○

동부는 '길 가는 사람이 길을 잃다'라는 나쁜 운수이고 모비스는 '길 가는 사람이 길을 얻다'라는 좋은 운수로 대사한바 '모비스가 승리하리라'고 예측하였다. 실전결과 모비스가 81 : 73으로 승리하였다.

⑳ 2015년 4월 4일 2015년 여자축구 국가대표 평가전에서 어느 팀이 승리할까?

대한민국　三二三　㊵ 雷水解(뇌수해) 飢者得食(기자득식)　○○

러 시 아　二一二　61 風澤中孚(풍택중부) 弱馬重馱(약마중태)　×○

대한민국은 '굶주린 사람이 밥을 얻다'라는 좋은 운수이고 러시아도 '여윈 말에 무거운 짐을 실을 만하다'라는 조금 좋은 운수로 대사한바 '대한민국이 승리하리라'고 예측하였다. 실전결과 대한민국이 1 : 0으로 승리하였다.

㉑ 2015년 4월 9일 헌재의 성매매 위헌제청특별법이 통과될까?

성매매특별법　三二五　㉔ 地雷復(지뢰복) 魚躍雨中(어약우중)　○○

헌법재판소는 2012년 위헌 제청된 사건에 대하여 '물고기가 빗속에서 뛰다'라는 좋은 운수로 '통과하리라'고 예측하였다. 심의결과 다수결로 통과되었다.

㉒ 2015년 4월 10일 북한의 핵개발이 성공할까?

북한 핵개발 五二五 ⑪ 地天泰(지천태) 良弓無絃(양궁무현) ×○

북한의 핵개발에 대하여 '좋은 활에 줄이 없다'라는 나쁜 운수로 '성공하기 어렵다'라고 예측하였다. 국제사회의 반발에 부딪혀 핵실험을 아직은 성공하지 못하고 있다.

㉓ 2015년 4월 29일 재보선(경기 성남 중원)에서 누가 이길까?

새누리 신상진 一一三 ㉑ 火雷噬嗑(화뢰서합) 暗中逢明(암중봉명) ○○

새민연 정환석 一二二 ⑤ 水天需(수천수) 得罪無恩(득죄무은) ×○

새누리당 신상진 후보는 '어둠 속에서 밝음을 만나다'라는 좋은 운수이고 새민연 정환석 후보는 '죄를 얻어 은총이 없다'라는 나쁜 운수로 양자를 대사한바 신상진 후보가 당선되리라고 예측하였다. 개표결과 신상진 후보가 당선되었다.

㉔ 2015년 4월 29일 재보선(광주 서을)에서 누가 이길까?

새민연 조영택 一三一 ㉗ 山雷頤(산뢰이) 渴者得水(갈자득수) ××

무소속 천정배 二五一 ⑭ 火天大有(화천대유) 無情逢不親(무정봉불친) ○×

새민연 조영택 후보는 '목마른 사람이 물을 얻었다'라는 좋은 운수이고 무소속 천정배 후보는 '정이 없어 친하지 않은 사람을 만나다'라는 나쁜 운수로 양자를 대사한바 '조영택 후보가 당선되리라'고 예측하였다. 그러나 예상외로 천정배 후보가 당선되었다.

㉕ 2015년 4월 29일 재보선(서울 관악을)에서 누가 이길까?

새누리 오신환 三二二 ㉖ 山天大畜(산천대축) 貧者得錢(빈자득전) ○○

새민연 정태호 一五五 ⑬ 天火同人(천화동인) 貧者得粟(빈자득속) ×○

새누리당 오신환 후보는 '가난한 사람이 돈을 얻다'라는 좋은 운수이고 새민연 정태호 후보도 '가난한 사람이 곡식을 얻다'라는 좋은 운수로 양자를 대사한바 우열을 가리기 어려워 미래예측도의 잡괘전 괘효사로 재감정하기로 하였다. 오신환 후보는 山天大畜卦 上九효에 의하면 '참으로 우주공간의 길이 사통팔달하듯 트인다'고 하였고 정태호 후보는 天火同人卦 六二효에 의하면 '대동의 실을 올리고자 오직 자신의 일가친척에만 한정하는 것은 부끄러운 일이다'라 하여 양자를 대사한바 오신환 후보가 '당선되리라'고 예측하였다. 개표결과 오신환 후보가 당선되었다.

㉖ 2015년 4월 29일 재보선(인천서 강화을)에서 누가 이길까?

새누리 안상수 三二五 ㉔ 地雷復(지뢰복) 魚躍雨中(어약우중) ○○

새민연 신동식 二二一 ㊹ 風水渙(풍수환) 飛雉鷹逢(비치응봉) ×○

새누리당 안상수 후보는 '물고기가 빗속에서 뛰어오르다'라는 좋은 운수이고 새민연 신동식 후보는 '나는 꿩이 매를 만나다'라는 나쁜 운수로 양자를 대사한바 새누리당 안상수 후보가 '당선되리라'고 예측하였다. 개표결과 안상수 후보가 당선되었다.

㉗ 2015년 4월 29일 일본 아베 총리의 미국 상하원 연설 반응여부?

일본 아베 총리 一三一 ㉗ 山雷頤(산뢰이) 渴者得水(갈자득수) ○○

일본의 아베 총리는 '목마른 사람이 물을 얻다'라는 좋은 운수로 미국 상하원 연설 결과 '좋은 반응이 있으리라'고 예측하였다. 연설결과 좋은 반응이 쏟아져 나왔다.

㉘ 2015년 5월 3일 웰터급 통합타이틀전에서 누가 이길까?

미 국 메이웨더 三三二 ⑫ 天地否(천지비) 龍昇青天(용승청천) ○○

필리핀 파퀴아오 三三五 ⑯ 雷地豫(뇌지예) 山僧還俗(산승환속) ×○

메이웨더는 '용이 푸른 하늘에 오르다'라는 아주 좋은 운이고 파퀴아오는 '산승이 속세로 돌아가다'라는 나쁜 운수로 양자를 대비한바 메이웨더가 '승리하리라'고 예측하였다. 실전결과 메이웨더가 심판전원 일치의 판정승을 거두었다.

㉙ 2015년 5월 4일 한국과 일본은 지진에 안전할까?

한국 二二二 ㊸ 澤天夬(택천쾌) 龍昇青天(용승청천) ○○

일본 二三三 ㊿ 震爲雷(진위뢰) 行人失路(행인실로) ×○

한국은 '용이 푸른 하늘에 오르다'라는 아주 좋은 운수이고 일본은 '길 가는 사람이 길을 잃다'라는 나쁜 운수로 한국은 지진 발생 기미가 없는데 비해 일본은 지진 발생 기미가 있다고 예측하였다. 특히 일본은 5월 하고네 화산 지진에 이어 5월 29일 가고시마현 신다케 화산, 9월 14일 아소산 분화 등이 연속으로 일어났다.

㉚ 2015년 5월 23일 황교안 총리지명자가 인사청문회에서 통과될까?

황교안 三五二 ㉜ 雷風恒(뇌풍항) 馭馬無鞭(어마무편) ○×

황교안 국무총리 내정자는 '말을 부리는데 채찍이 없다'라는 나쁜 운수로 '통과되기 어렵다'고 예측하였다. 3일간의 청문회 후 여당 측의 청문보고서 의결제의가 당의 반대로 지체되었으나 6월 12일 야당의 불참 속에 여당 단독으로 청문보고서를 채택해 국회에 이송했다. 그러나 여야 간 접점을 찾지 못하다가 52일 만에 야당이 제의한 황 후보자의 본회의에서의 포괄적 사과와 인사청문제도 개선 등의 요청을 새누리당이 받아들여 본회의 의결을 6월 18일 열기로 합의하였다. 국회는 18일 본회의에서 찬성 156표, 반대 120표, 무효 2표로 황 총리 임명동의안을 통과시켰다.

㉛ 2015년 5월 24일 일본의 세계문화유산 등재신청에 조선인의 징용사실이 반영될까?

징용사실 一二五 ㉟ 火地晉(화지진) 冬蠅逢春(동승봉춘) ○○

일본의 세계문화유산 등재신청에 조선인의 징용사실 반영문제는 '겨울파리가 봄을 만나다'라는 좋은 운수로 '반영되리라'고 예측하였다. 7월 5일 유네스코 세계유산위원회는 일본 산업혁명 시설의 세계유산 등재신청이 한일 간 합의한 '조선인 강제노역사실'을 확인하고 통과시켰다. 7월 19일 당해유산의 경영주체였던 대기업 미쓰비시(三菱)는 미국에 사과한데 이어 24일 중국에 사과하고 곧이어 영국·호주·네덜란드 등의 징용 피해자에게도 사과하고 아울러 보상금도 지급하겠다고 언명하였다. 그러나 한국인 강제노역 피해자에 대해서는 '법적 사항이 다르다'는 입장을 고수하고 있다.

돌이켜 보건대 일본 법원은 지금까지 중국이나 한국을 구분하지 않고 강제노동 피해자의 배상청구소송에 대해 '배상청구권 포기로 인해 개인 청구권이 존재하지 않는다'는 이유로 기각해 왔다. 그러면서도 기업의 자발적 보상을 요구했다. 일본의 문화유산 등재요건을 충족시키기 위해 '조선인 강제노역사실'을 한일 간 협의제출하고도 '유독 한국만을 보상에서 제외시킨 것은 조변석개(朝變夕改)도 유분수지 참으로 '언어도단'이라고 하지 않을 수 없다.

㉜ 2015년 5월 24일 국회 예결위원장(새누리당 몫)에 누가 당선될까?

김재경 五三二 ③ 水雷屯(수뢰둔) 穉兒得乳(치아득유) ○○

주호영 五三三 ㊳ 火澤睽(화택규) 有弓無矢(유궁무시) ×○

김재경 후보는 '어린아이가 젖을 얻다'라는 좋은 운수이고 주호영 후보는 '활은 있으나 화살이 없다'라는 나쁜 운수로 양자를 대비한바 김재경 후보가 '당선되리라'고 예측하였다. 개표결과 김재경 후보가 당선되었다.

㉝ 2015년 5월 30일 국회가 행정부의 시행령 제정권을 제한입법한데 대해 대통령은 거부권을 행사할까?

대통령 三一三 ㊱ 地火明夷(지화명이) 將軍勝戰(장군승전) ○○

행정부의 시행령 제정권은 '장군이 싸움에서 이기다'라는 좋은 운수로 대통령은 마땅히 '거부권을 행사하리라'라고 예측하였다. 6월 25일 박근혜 대통령은 예상대로 거부권을 행사하였다.

㉞ 2015년 6월 6일 새누리당 유승민 원내대표가 사퇴하게 될까?

유승민 二五一 ⑭ 火天大有(화천대유) 無情逢不親(무정봉불친) ○○

유승민 대표는 '정분이 없어 친하지도 않은 사람을 만나다'라는 나쁜 운수로 '사퇴하리라'고 예측하였다. 7월 8일 유승민 대표는 새누리당 의원총회의 '사퇴권고'를 받아들여 성명을 발표한 후 공식 사퇴하였다.

㉟ 2015년 6월 6일 서울시 서초구 양재동 154-2 거주 이도경 씨의 부인이 약 2개월 후에 출산 예정이라 하는데 무사하게 순산할까?

이도경 부인 二五三 ㊿ 巽爲風(손위풍) 行人得路(행인득로) ○○

이 문복(問卜)은 '길 가는 사람이 길을 얻다'라는 좋은 운수로 '무사하게 순산하리라'고 예측하였다.

㊱ 2015년 6월 6일 현재 각처에서 메르스 환자가 속출하고 있는데 조기진압이 가능할까?

메르스 진압 二三三 ㊿ 震爲雷(진위뢰) 行人失路(행인실로) ○○

이 물음은 '길 가는 사람이 길을 잃다'라는 나쁜 운수로 조기진압은 불가능하다고 예측하였다. 7월 8일에 이르러서야 메르스 감염이 수그러졌고 7월 28일 드디어 최종진압을 보았다.

㊲ 2015년 6월 6일 7일부터 독일에서 열리는 유럽축구연맹 챔피언스 리그에서 바르셀로나와 유벤투스가 대전하는데 바르셀로나

가 승리할까?

바르셀로나 三二二 ㉖ 山天大畜(산천대축) 貧者得錢(빈자득전) ○○

바르셀로나는 '가난한 사람이 돈을 얻다'라는 좋은 운수로 '승리하리라'고 판단하였다. 실전결과 바르셀로나가 3 : 0으로 승리하였다.

㊳ 2015년 6월 9일 메르스 사태로 박근혜 대통령의 방미일정 연기될까?

방미일정 연기 一一五 ㉕ 天雷无妄(천뢰무망) 穉兒失母(치아실모) ○○

박근혜 대통령의 방미일정은 '어린아이가 어미를 잃다'라는 나쁜 운수로 순연하게 되리라고 예측하였다. 정부는 6월 10일 메르스 사태로 방미일정을 연기하고 추후 재조정하기로 한미 간 양해되었다고 발표하였다.

㊴ 2015년 6월 10일 충북 제천에서 열리는 제7회 아시안 리듬체조 선수권대회에서 손연재의 2연패 도전이 성공할까?

손연재 二二三 63 水火旣濟(수화기제) 飢鷹逢雉(기응봉치) ○○

손연재 선수는 '굶주린 매가 꿩을 만나다'라는 좋은 운수로 충북 제천에서 열리는 리듬체조 선수권대회에서 '2연패에 성공하리라'고 예측하였다. 실전결과 종합 72.500점으로 금메달을 따내어 대회 2연패를 달성했다. 은메달은 우즈베키스탄(70.400점), 동메달은 일본(69.900점)이 받았다.

㊵ 2015년 6월 11일 가뭄으로 물 사정이 악화되고 있는데 향후 1개월 이내에 비가 내려 해갈될까?

비가 올까 二五三 (57) 巽爲風(손위풍) 行人得路(행인득로) ○○

현재 전국 각 지역의 물 사정 악화로 폐농위기에 직면하고 있으나 '길 가는 사람이 길을 찾다'라는 좋은 운수로 1개월 이내에 '단비가 쏟아질 것'이라고 예측하였다. 7월 초순에 이르러 적지 않은 단비가 내리고 정부의 가뭄대책으로 폐농위기는 면하게 되었다.

㊶ 2015년 6월 13일 위안부 문제 처리에 한일 간 타협 이루어질까?

위안부 문제 三三三 ⑱ 山風蠱(산풍고) 香花逢春(향화봉춘) ○○

한일 간 현안인 위안부 문제는 '향기 나는 꽃이 봄을 만나다'라는 좋은 운수로 조금은 '타협되리라'고 예측하였다. 2015년 12월 28일 한일 외무장관 회담에서 극적으로 타결되었다.

㊷ 2015년 6월 16일 제9회(2018년) 러시아 월드컵 2차 예선 1차전이 열리는데 어느 팀이 승리할까?

한 국 二三三 (51) 震爲雷(진위뢰) 行人失路(행인실로) ○×

미얀마 三一二 ⑳ 風地觀(풍지관) 龍得如意珠(용득여의주) ××

한국은 '길 가는 사람이 길을 잃다'라는 나쁜 운수이고 '미얀마는 용이 여의주를 얻다'라는 좋은 운수로 양자를 대사한바 '미얀마가 승리하리라'고 예측했다. 그러나 실전결과는 한국이 2 : 0으로 승리했다.

㊸ 2015년 7월 17일 열리는 임시주주총회에서 삼성물산과 제일모직의 합병안이 통과될까?

뇌산소과 암중명촉
합병안 五二一 ⑥② 雷山小過 暗中明燭 ○○

본안 합병은 '어둠 속에 촛불을 밝히다'라는 좋은 운수로 삼성물산과 제일모직의 합병이 '성사되리라'고 예측하였다. 7월 17일 열린 두 회사의 임시주주총회에서 각각 통과해 9월 1일 '통합 삼성물산'이 출범하게 되었다. 9월 1일 삼성물산은 이날 임시주주총회를 열어 제일모직과의 합병을 69.5% 찬성으로 통과시켰다. 제일모직도 같은 날 임시주주총회를 열어 18분 만에 만장일치로 합병을 승인하였다.

④④ 2015년 프로배구 컵대회 남자부 결승전에서 어느 팀이 승리할까?

풍산점 사병득약
우리카드 二三一 ⑤③ 風山漸 死病得藥 ○○

수천수 득죄무은
OK저축은행 一二二 ⑤ 水天需 得罪無恩 ×○

우리카드는 '죽을 병에 약을 얻다'라는 좋은 운수이고 저축은행은 '죄를 얻어 은총을 누리지 못하다'라는 나쁜 운수로 양자를 대사한바 '우리카드가 승리하리라'고 예측하였다. 실전결과 우리카드가 승리하였다.

④⑤ 2015년 7월 19일 일본 아베 정권의 집단자위권 법안이 강행처리될까?

풍수환 비치응봉
아베 二二一 ⑤⑨ 風水渙 飛雉鷹逢 ○×

아베 총리는 '나는 꿩이 매를 만나다'라는 나쁜 운수로 '집단자위권 법안은 난항에 봉착하리라'고 예측하였다. 그러나 중의원(하원)에서 강행처리되었다.

㊻ 2015년 7월 19일 박준영 전 전남지사의 탈당선언 여파가 신당 태동으로 이어질까?

후속탈당 一二一 ㉓ 山地剝(산지박) 人君失土(인군실토)

×○

새정치민주연합은 '임금이 영토를 잃었다'라는 나쁜 운수로 '당내의 이탈세력이 생기리라'고 예측하였다. 2015년 11월 현재 한두 명의 탈당은 있었지만 대규모 탈당 러시는 일어나지 않았다.

㊼ 2015년 7월 26일 한국과 중국의 지질연구진이 백두산 천지 폭발에 대비하기 위해 공동으로 백두산 현지 탐사를 진행한다는데 과연 폭발 가능성이 있을까?

백두산 탐사 三三二 ⑫ 天地否(천지비) 靑龍昇天(청룡승천) ○○

백두산 현지 탐사는 '푸른 용이 하늘에 오르다'라는 좋은 운수로 '가능성이 있다'라고 예측하였다.

㊽ 2015년 7월 30일 롯데 그룹의 후계구도는 누구에게 돌아갈까?

신동주 二五三 ㊲ 巽爲風(손위풍) 行人得路(행인득로) ×○

신동빈 三三二 ⑫ 天地否(천지비) 靑龍昇天(청룡승천) ○○

장남인 신동주는 '길 가는 사람이 길을 얻다'라는 좋은 운수이고 차남인 신동빈도 '푸른 용이 하늘에 오르다'라는 좋은 운수로 양자를 대비한바 우열을 가리기 어려워 이를 미래예측도의 잡괘전 괘효사로 재감정하기로 하였다. 신동주는 巽爲風卦 六四효에 의하면 '사냥하여 三품을 얻음은 공이 있음이라' 하였고 신동빈은 天地否卦 上九효에 의하면 '비색함을 기울게 하니 먼저는 비색하지만 뒤에는 기쁨이 있다'라 하여 양자를 대사한바 '신동빈에 돌아가리라'고 예측하였다.

⑭ 2015년 7월 30일 우리 시대에 남북통일 가능할까?

남북통일 二五二 ⑥ 天水訟 行人逢雨 ×○

우리 시대에는 '길 가는 사람이 비를 만나다'라는 나쁜 운수로 '남북통일은 이루기 어렵다'라고 예측하였다.

㊿ 2015년 7월 30일 유라시아 친선특급이 장차 큰 성과를 이루어낼까?

친선특급 二二二 ㊸ 澤天夬 龍昇青天 ○○

유라시아 친선특급은 '용이 푸른 하늘에 오르다'라는 좋은 운수로 '앞으로 발전적 계기가 되리라'고 예측하였다.

㉛ 2015년 8월 11일 복지부장관에 내정된 정진엽 후보가 인사청문회에서 통과될까?

정진엽 一二五 ㉟ 火地晉 冬蠅逢春 ○○

청문회는 '겨울 파리가 봄을 만나다'라는 좋은 운으로 '통과되리라'고 예측하였다. 8월 25일 국회 보건복지위원회는 정진엽 후보자에 대한 인사청문 결과보고서를 채택하였다.

㉜ 2015년 8월 11일 고 윤치호 선생이 우리나라 애국가의 작사자 일까?

윤치호　一三二　㊲ 風火家人(풍화가인) 飢中得食(기중득식)　○○

애국가는 '굶주림 속에 밥을 얻다'라는 좋은 운수로 '윤치호 선생의 작사'라고 예측하였다.

㉝ 2015년 8월 11일 박근혜 대통령이 9월 3일 베이징에서 열리는 항일전쟁 승리 기념행사에 참석하여 좋은 성과가 있을까?

기념행사　三一三　㊱ 地火明夷(지화명이) 將軍勝戰(장군승전)　○○

박근혜 대통령은 '장군이 싸움에서 이기다'라는 좋은 운수로 중국의 항일기념 행사에 '참석하리라'고 예측하였다. 9월 2일 중국 베이징 인민대회당 동대청에서 박근혜 대통령과 시진핑 주석이 한중 정상회담을 열고 '한중의 긴장을 고조시키는 어떤 행동도 반대한다'는 원칙에 합의하고 중국을 방문한 30여 개국 정상 가운데 유일하게 시 주석과 단독 오찬을 했다.

3일 중국 베이징 천안문 성루에서 중국의 항일 전승절 열병식을 박근혜 대통령・푸틴 러시아 대통령・시진핑 국가주석 순으로 서서 참관했다.

4일 박 대통령은 상하이 임시정부 청사 재개관식에 참석해 '상하이 임시정부는 1919년 3・1운동의 결과로 수립된 국내외 8개 임시정부가 하나로 통합을 이루어 우리의 독립운동을 주도했던 민족사적 의미를 지닌 곳'이라고 강조했다.

㉞ 2015년 8월 13일 열리는 국회 박기춘 의원 체포동의안이 가결될까?

박기춘 三二三 ㊵ 雷水解(뇌수해) 飢者得食(기자득식) ○○

박기춘 의원에 대한 체포동의안은 '굶주린 사람이 밥을 얻다'라는 좋은 운수로 '동의안이 가결되리라'고 예측하였다. 이날 오후 여야의원 236명이 참여한 가운데 자유투표로 찬성 137표, 반대 89표, 기권 5표, 무효 5표로 가결되었다.

㊺ 2015년 8월 18일 '대북 확성기 방송을 중단 안하면 무차별 타격'한다는 김정은의 위협에 대하여 대응할 수 있을까?

김정은 위협 三二三 ㊵ 雷水解(뇌수해) 飢者得食(기자득식) ○○

우리나라는 '굶주린 사람이 밥을 얻다'라는 좋은 운수로 북한의 무력도발을 '슬기롭게 극복하리라'고 예측하였다. 8월 20일 오후 경기도 연천 DMZ 지역에서 북한은 두 차례에 걸쳐 고사포와 직사포로 포격해 왔다. 이에 우리 군은 자주포로 북측 지역에 29발을 대응사격했다. 그러나 북한의 제의로 열린 남북 간 고위급 회담에서 23일부터 3박4일간 진행된 막바지 협상에서 우리측이 요구한 '북측이 최근 지뢰와 포격 도발'에 대해 명확한 유감 표명과 함께 재발 방지 노력을 하면 우리는 확성기 방송을 중단하는 방안에 합의함으로써 일단 교전국면을 가까스로 모면했다. 이와 같은 타결 이면에는 중국이 북한에 대해 '물밑 채널로 자제 압박'한 때문이라는 뉴스도 전해지고 있다.

㊻ 2015년 9월 3일 라오스에서 열리는 러시아 월드컵 라오스와의 2차 예선에서 한국이 승리할까?

대한민국 二二二 ㊸ 澤天夬(택천쾌) 龍昇靑天(용승청천) ○○

대한민국은 ‘용이 푸른 하늘에 오르다’라는 좋은 운수로 승리하리라고 예측하였다. 실전결과 한국은 라오스에 8 : 0이라는 다득점으로 승리하였다.

(57) 2015년 러시아 월드컵 아시아 지역 2차 예선전에서 한국과 레바논이 대전하는데 한국이 승리할 수 있을까?

대한민국 二五三 (57) 巽爲風(손위풍) 行人得路(행인득로) ○○

대한민국은 ‘길 가는 사람이 길을 얻다’라는 좋은 운수로 대한민국이 ‘승리하리라’고 예측하였다. 실진결과 대한민국이 3 : 0으로 승리하였다.

(58) 2015년 9월 27일 상주에서 열리는 2015년 추석장사씨름대회(한라장사) 결승전에서 이주용과 김기태가 대전하는데 누가 승리할까?

이주용 三三三 ⑱ 山風蠱(산풍고) 香花逢春(향화봉춘) ○×

김기태 二二二 ㊸ 澤天夬(택천쾌) 龍昇靑天(용승청천) ××

이주용은 ‘향기나는 꽃이 봄을 만나다’라는 좋은 운수이고 김기태도 ‘용이 푸른 하늘에 오르다’라는 좋은 운수로 양자를 대비한바 판단하기 어려워 이를 미래예측도로 재감정하기로 하였다. 이주용 선수는 山風蠱卦 上九효에 의하면 ‘왕후를 섬기지 않은 것은 그 뜻을 법도로 삼을 만하다’라 하였고 김기태 선수는 澤天夬卦에 의하면 五양이 一음을 내쫓는 굳센 힘이 있다 하여 양자를 대비한바 ‘김기태 선수가 승리하리라’고 판단하였다. 실전결과 이주용 선수가 3 : 0으로 승리하였다.

㉙ 2015년 9월 28일 상주에서 열리는 2015년 추석장사씨름대회(백두장사) 결승전에서 전경진과 이재혁이 대전하는데 누가 승리할까?

전경진 二三二 ② 坤爲地(곤위지) 牛馬逢虎(우마봉호) ○○

이재혁 二三三 ㊶ 震爲雷(진위뢰) 行人失路(행인실로) ×○

전경진은 '마소가 상생의 범을 만나다'라는 좋은 운수이고 이재혁은 '길 가는 사람이 길을 잃었다'라는 나쁜 운수로 양자를 대비한바 '전경진이 승리하리라'고 판단하였다. 실전결과 전경진이 3 : 2로 승리하였다.

㉚ 2015년 9월 26일 방미 순방에 오른 박근혜 대통령이 체미기간 중 두드러진 외교성과를 거둘 수 있을까?

방미성과 二二二 ㊸ 澤天夬(택천쾌) 龍昇青天(용승청천) ○○

제70차 유엔총회에 참석차 방미 순방에 오른 박근혜 대통령은 '용이 푸른 하늘에 오르다'라는 좋은 운수로 '외교성과가 크게 기대되리라'고 예측하였다. 박근혜 대통령은 29일 유엔총회 기조연설 첫날에 푸틴 러시아 대통령 다음인 7번째로 연설하였다.

① 지구상에 마지막 남은 냉전의 잔재인 한반도 분단 70년의 역사를 끝내는 것은 곧 세계평화에 기여하는 일이 될 것이라며 '통일 한반도는 지구촌 평화의 상징이자 새로운 성장 엔진으로 동북아는 물론 세계의 평화와 번영에 크게 기여할 것'이라고 했다.
② 평화통일을 이룬 한반도는 핵무기가 없고 인권이 보장되는 번영된 민주국가가 될 것이며 '평화와 인간 존엄의 이상이 한반도에서 통일

로 완성될 수 있도록 유엔과 모든 평화 애호국들이 함께 노력해 나가길 희망한다'고 했다.

③ 북한의 4차 핵실험 및 장거리미사일 발사 위협과 관련해 '핵개발을 비롯한 도발을 강행하는 것은 세계와 유엔이 추구하는 인류 평화의 가치를 훼손하는 것'이라며 이제 마지막 남은 비확산 과제인 북핵문제 해결에 국제사회의 노력을 집중해 달라고 호소했다.

이어 박 대통령은 북한을 향해 '추가도발보다는 개혁과 개방으로 주민들이 어려움에서 벗어날 수 있도록 노력해야 할 것'이라고 말했다. 또 '남북한은 최근 8 · 15 합의를 이뤄냈고 신뢰와 협력이라는 선순환으로 가는 분기점에 서게 되었다'면서 '북한은 8 · 25 합의에 따라 당국 간 대화와 다양한 교류를 통해 민족동질성 회복의 길로 나가기를 기대한다'고 했다.

④ 이날 23분간의 기조연설에서 박근혜 대통령은 일본군 위안부 문제 해결, 일본 정부의 최근 안보 법률 정비와 한국의 국제사회 기여 방안에 대한 자신의 생각도 밝혔다. 또한 일본 아베 정권이 집단자위권을 법제화한 것에 대해 '역내 국가 간 선린우호관계와 이 지역의 평화와 안정에 도움이 되는 방향으로 투명성 있게 이행되어 나가야 할 것'이라고 했다. 박근혜 대통령은 국제사회에 대한 한국의 기여 방안으로 '새마을운동 경험의 공유, 개도국 소녀 지원사업에 향후 5년간 2억 달러 지원, 유엔 평화유지군 추가파견, 시리아 난민 관련국에 대한 인도적 지원 강화' 계획 등을 밝혔다.

㉑ 2015년 10월 8일 러시아 월드컵 아시아 지역 2차 예선 조별리그 4차전에서 한국과 쿠웨이트가 대전하는데 어느 팀이 승리할까?

한　국　二五一　⑭ 火天大有(화천대유) 無情逢不親(무정봉불친)　○○

쿠웨이트　三五二　㉜ 雷風恒(뇌풍항) 馭馬無鞭(어마무편)　×○

한국은 '정이 없어 친하지 않는 이를 만나다'라는 나쁜 운수이고 쿠웨이트도 '말을 모는데 채찍이 없다'라는 나쁜 운수로 양자를 대사한바 우열을 가리기 어려워 미래예측도의 잡괘전 괘효사로 재감정하기로 하였다. 한국은 화천대유괘 初九효에 의하면 '아직 해악에 섞이지 않아 허물은 없으나 조심하고 경계하면 허물은 없어질 것이다'라 하였고 쿠웨이트는 뇌풍항괘 初六효에 의하면 初六은 '처음부터 깊은 것을 구하여 가기 때문에 바르게 하더라도 흉하게 된다'라 하여 양자를 대비한바 한국이 '승리하리라'고 예측하였다. 실전결과 한국이 1 : 0으로 승리하였다.

㉢ 2015년 10월 11일 프레지던츠컵 골프 최종 경기에서 인터내셔널 팀과 미국 팀이 대전하는데 어느 팀이 승리할까?

인터내셔널팀　五三三　㊳ 火澤睽(화택규) 有弓無矢(유궁무시)　×○

미　국　팀　二二二　㊸ 澤天夬(택천쾌) 龍昇靑天(용승청천)　○○

인터내셔널 팀은 '활은 있지만 화살이 없다'라는 나쁜 운수이고 미국 팀은 '용이 푸른 하늘에 오르다'라는 좋은 운수로 양자를 대비한바 '미국 팀이 승리하리라'고 예측하였다. 최종경기에서 미국은 최종승점 합계 15.5점으로 14.5점을 따낸 인터내셔널 팀을 1점차로 따돌렸다.

㉣ 2015년 10월 14일 열리는 제20회 LG배 조선일보 기왕전에서 한국 김지석 9단과 중국 구리 9단이 대전하는데 누가 승리할까?

김지석 五二三 ㊿58 兌爲澤(태위택) 人得長壽(인득장수) ○○

구 리 一三三 ⑨ 風天小畜(풍천소축) 龍入海中(용입해중) ×○

김지석 9단은 '사람이 장수를 누리다'라는 좋은 운수이고 구리 9단은 '용이 바다 속으로 들어가다'라는 나쁜 운수로 양자를 대비한바 김지석 9단이 '승리하리라'고 판단하였다. 실전결과 274수를 끝으로 김지석 9단이 불계승을 거두었다.

64. 2015년 10월 24일 4대강 저장 물이 가뭄 대책에 활용될 수 있을까?

4대강 물 三一二 ⑳ 風地觀(풍지관) 龍得如意珠(용득여의주) ○○

4대강 저수는 '용이 여의주를 얻다'라는 좋은 운수로 '인근지역 농업용수로 활용되리라'고 판단하였다. 정부는 2029년까지 1조억 원을 투입해 4대강 11개 보에 담긴 물을 가뭄 지역에 끌어오겠다는 '4대강 하천수 공급계획'을 발표했다.

65. 2015년 10월 24일 역사교과서 채택에 대하여 여야와 역사학자 간에 치열한 공방이 이어지고 있는데 국정으로 채택될까?

국 정 二二五 ④ 山水蒙(산수몽) 魚入水中(어입수중) ○○

국정교과서는 '물고기가 물속으로 들어가다'라는 좋은 운수로 채택되리라고 판단하였다. 2015년 11월 3일 정부는 역사교과서를 '국정'으로 채택하기로 확정 고시하였다.

⑥⑥ 2015년 10월 31일 열리는 FA컵 축구 결승전에서 어느 팀이 승리할까?

서 울 五二一 ㊷ 雷山小過(뇌산소과) 暗中明燭(암중명촉) ○○

인 천 五二二 ㉞ 雷天大壯(뇌천대장) 人無手足(인무수족) ×○

서울은 '어둠 속에 촛불을 밝히다'라는 좋은 운수이고 인천은 사람이 형제가 없다'라는 나쁜 운수로 양자를 대비한바 '서울이 승리하리라'고 판단하였다. 실전결과 서울이 3 : 1로 승리하였다.

⑥⑦ 2015년 11월 3일 열리는 2015년 삼성화재배 월드바둑 마스터스에서 누가 이길까?

이세돌 9단 五二一 ㊷ 雷山小過(뇌산소과) 暗中明燭(암중명촉) ×○

커 제 9단 二一二 ㊶ 風澤中孚(풍택중부) 弱馬重駄(약마중태) ○○

이세돌 9단은 '어둠 속에 촛불을 밝히다'라는 좋은 운수이고 커제 9단도 '약한 말이지만 무거운 짐을 실을 만하다'라는 좋은 운수로 양자를 대비한바 우열을 가리기 어려워 이를 미래예측도의 잡괘전 괘효사로 재감정하기로 하였다. 이세돌 9단은 뇌산소과괘 九四효에 의하여 '부당한 자리에 있어 적극적으로 나아가면 위험하다'라 하였고 커제 9단은 그 신임이 만월에 가까움과 같이 두터우니 初九를 버리고 九도에 따르라는 것으로 양자를 대비한바 커제 9단이 승리하리라고 판단하였다. 실전결과 커제 9단이 근소한 차이로 승리했다.

⑱ 2015년 11월 3일 현재 중국의 남중국해 인공섬 건설로 미중간 설전이 가중되고 있는데 우리나라는 어느 편을 지지해야 할 것인가?

미 국 二三一 ㊸ 風山漸(풍산점) 死病得藥(사병득약) ○○

중 국 三五三 ㊹ 天風姤(천풍구) 天師敗陣(천사패진) ×○

미국은 '죽을 병에 약을 얻다'라는 좋은 운수이고 중국은 '임금의 군대가 패하다'라는 나쁜 운수로 양자를 대비한바 '미국을 지지하리라'고 판단하였다. 11월 4일 말레이시아에서 열린 제3차 아세안 확대 국방장관 회의에서 한민구 국방장관은 '남중국해에서의 항해와 상공 비행의 자유가 보장돼야 한다'는 미국 주장에 동조했다.

⑲ 2015년 11월 8일 실시되는 미얀마 총선에서 아웅산수지 여사가 이끄는 민주주의민족동맹이 승리할까?

민주주의민족동맹 二二三 ㊸ 水火旣濟(수화기제) 飢鷹逢雉(기응봉치) ○○

민주주의민족동맹은 '굶주린 매가 꿩을 만나다'라는 좋은 운수로 '총선에서 승리하리라'고 판단하였다. 11월 현재 선관위의 중간집계 결과 아웅산수지 여사가 이끄는 민주주의민족동맹은 개표가 진행된 상·하원 232석 중 212석을 차지해 91%가 넘는 압도적인 지지로 승리하였다.

⑳ 2015년 11월 12일 미얀마와의 2018년 러시아 월드컵 아시아 2차 예선전(오후 8시, 수원 월드컵 경기장)에서 대한민국이 승리할까?

대한민국 二二二 ㊸ 澤天夬(택천쾌) 龍昇靑天(용승청천) ○○

대한민국은 '용이 푸른 하늘에 오르는' 좋은 운수로 대 미얀마전에서 승리하리라고 판단하였다. 실전결과 대한민국이 4 : 0으로 승리하였다.

(71) 2015년 11월 14일 2015년 프리미어12 예선에서 한국과 멕시코가 대전하는데 한국이 승리할까?

한 국 二二三 (63) 水火旣濟(수화기제) 飢鷹逢雉(기응봉치) ○○

한국은 '굶주린 매가 꿩을 만나다'라는 좋은 운수로 '승리하리라'고 판단하였다. 실전결과 한국이 4 : 3으로 승리하였다.

(72) 2015년 11월 15일 열리는 2015~2016년 프로배구전에서 삼성화재와 KB손해보험이 대전하는데 삼성화재가 승리할까?

삼성화재 二一二 (61) 風澤中孚(풍택중부) 弱馬重駄(약마중태) ○○

삼성화재는 '여윈 말이지만 무거운 짐을 실을 만하다'는 좋은 운수로 '승리하리라'고 판단하였다. 실전결과 삼성화재가 승리하였다.

(73) 2015년 11월 21일 조계사에 도피 중인 한상균 민주노총 위원장에 대해 조계사 측은 끝내 방조할 것인가?

조계사 三二三 (40) 雷水解(뇌수해) 飢者得食(기자득식) ○○

뇌수해괘는 '굶주린 사람이 밥을 얻다'라는 좋은 운수로 조계사 측은 도피해온 민주노총 한상균 위원장을 '상당기간 방조할 것이다'라고 예측하였다.

⑭ 2015년 12월 5일 서울에서 열리는 민주노총 집회가 평화적으로 실시될까?

지뢰복 어약우중
민주노총 三二五 ㉔ 地雷復 魚躍雨中 ○○

민주노총 집회는 물고기가 '빗속에서 뛰다'라는 좋은 운수로 '평화적으로 실시되리라'고 판단하였다. 집회는 과격행동 없이 무사종료되었다.

⑮ 2015년 12월 9일 오후 4시까지 조계사에 은신 중인 민주노총 한상균 위원장에 대한 경찰의 사법처리가 가능할까?

지풍승 비학봉시
경 찰 五五二 ㊻ 地風升 飛鶴逢矢 ○○

경찰의 한상균 민주노총 위원장에 대한 사법처리는 '나는 학이 나쁜 기운을 쫓아내다'라는 좋은 운수로 '무사히 집행되리라'고 판단하였다. 결과는 조계사 총무원장 자승 스님의 약속대로 무사히 체포 수감하였다.

(나) 2015년 여자축구 월드컵 경기

예측수 35
맞은수 30
틀린수 5
맞은율 85.7%

① 2015년 여자축구 월드컵 조별리그 E조 1차전(한국 대 브라질)에서 누가 승리할까?

한 국 一五二 ㉟ 火地晋(화지진) 冬蠅逢春(동승봉춘) ×○

브라질 三二二 ㉖ 山天大畜(산천대축) 貧者得錢(빈자득전) ○○

한국은 '겨울 파리가 봄을 만나다'라는 좋은 운수이고 브라질도 '가난한 사람이 돈을 얻다'라는 좋은 운수로 양자를 대사한바 우열을 가리기 어려워 이를 미래예측도 잡괘전 괘효사로 재감정하기로 하였다. 한국은 화지진괘 六二효에 의하면 '六二가 바르고 길한 것은 음유중정의 몸에 어울리는 유순한 태도로 따라가기 때문이다'라 하였고 브라질은 산천대축괘 上九효에 의하면 '어떻게 사통팔달의 하늘 길에 장애가 있겠는가? 그 멈추는 도가 크게 행해지기 때문이다'라 하여 양자를 대사한바 브라질이 승리하리라고 판단하였다. 실전결과 브라질이 2 : 0으로 승리하였다.

② 2015년 6월 14일 캐나다에서 열리는 여자축구 월드컵 16강 진출 조별리그 E조 2차전에서 한국과 코스타리카가 대전하는데 어느 팀이 승리할까?

한　　국 二二二 ㊸ 澤天夬 龍昇靑天 ○○

코스타리카 二三二 ② 坤爲地 牛馬逢虎 ○○

한국은 '용이 푸른 하늘에 오르다'라는 좋은 운수이고 코스타리카도 '마소가 상생의 범을 만나다'라는 좋은 운수로 양자를 대사한바 '피차간 막상막하의 운수'라고 예측하였다. 실전결과 2 : 2 무승부를 기록했다.

③ 2015년 6월 18일 캐나다에서 열리는 여자축구 월드컵 16강 진출전 조별리그 E조 최종전에서 한국과 스페인이 대전하는데 어느 팀이 승리할까?

한　국 五五三 ㊿ 火風鼎 魚呑釣餌 ○○

스페인 二二三 ⑥③ 水火旣濟 飢鷹逢雉 ×○

한국은 '물고기가 낚싯밥을 삼키다'라는 좋은 운수이고 스페인도 '굶주린 매가 꿩을 만나다'라는 좋은 운수로 양자를 대사한바 우열을 가리기 어려워 미래예측도 잡괘전 괘효사로 검증하기로 하였다. 한국은 火風鼎 六五효에 의하면 '황금의 귀거리로 실덕을 삼는다'라고 하였고 스페인은 水火旣濟卦 六二효에 의하면 7일 만에 얻었다 함은 '중도로써 함이라' 하여 양자를 대사한바 한국 팀의 운세가 높아 '승리하리라'고 예측하였다. 실전결과 한국은 스페인 팀에 2 : 1로 승리해 사상 처음 16강에 올랐다. 이날 수훈은 골키퍼 김정미, 공격수 강유미였다.

④ 2015년 6월 21일 6시 30분 캐나다에서 열리는 여자축구 월드컵 16강전에서 중국과 카메룬이 대전하는데 어느 팀이 승리할까?

중 국 二二二 ㊸ 澤天夬(택천쾌) 龍昇青天(용승청천) ○○

카메룬 三二一 ㉘ 澤風大過(택풍대과) 蒼鷹無足爪(창응무족조) ×○

중국은 '용이 푸른 하늘에 오르다'라는 좋은 운수이고 카메룬은 '푸른 매가 발톱이 없다'라는 나쁜 운수로 양자를 대사한바 '중국이 승리하리라'고 예측하였다. 실전결과 중국이 4 : 0으로 승리하였다.

⑤ 2015년 6월 21일 5시 캐나다에서 열리는 여자축구 월드컵 16강전에서 독일과 스웨덴이 대전하는데 독일 팀이 승리할까?

독 일 二一二 (61) 風澤中孚(풍택중부) 弱馬重駄(약마중태) ○○

독일은 '여윈 말에 무거운 짐을 실을 만하다'라는 좋은 운수로 '승리하리라'고 판단하였다. 실전결과 독일팀이 4 : 0으로 승리하였다.

⑥ 2015년 6월 22일 2시 캐나다에서 열리는 여자축구 월드컵 16강전에서 브라질과 호주가 대전하는데 어느 팀이 승리할까?

브라질 三二二 ㉖ 山天大畜(산천대축) 貧者得錢(빈자득전) ××

호 주 三五三 ㊹ 天風姤(천풍구) 天師敗陣(천사패진) ○×

브라질은 '가난한 사람이 돈을 얻다'라는 좋은 운수이고 호주는 '임금의 군대가 싸움에서 패하다'로 양자를 대사한바 브라질이 '승리하리라'고 예측하였다. 실전결과 예상외로 호주가 승리하였다.

⑦ 2015년 6월 22일 8시 30분 캐나다에서 열리는 여자축구 월드컵 16강전에서 캐나다와 스위스가 대전하는데 어느 팀이 승리

할까?

캐나다　二三二　② 坤爲地(곤위지) 牛馬逢虎(우마봉호)　○○

스위스　一五五　⑬ 天火同人(천화동인) 貧者得粟(빈자득속)　×○

캐나다는 '마소가 상생의 범을 만나다'라는 좋은 운수이고 스위스도 '가난한 사람이 곡식을 얻다'라는 좋은 운수로 양자를 대사한바 우열을 가리기 어려워 이를 미래예측도의 잡괘전 괘효사로 재감정하기로 하였다. 캐나다는 坤爲地卦의 六五효에 의하면 '황색의 치마가 크게 길하다 한 것은 문채가 가운데에 있기 때문이다'라 하였고 스위스는 天火同人卦 六二효에 의하면 '동인의 실을 일문에만 한정한 것은 인색한 도'라 하여 양자를 대사한바 '캐나다가 승리하리라'고 판단하였다. 실전결과 캐나다가 승리해 8강에 올랐다.

⑧ 2015년 6월 22일 5시 캐나다에서 열리는 여자축구 월드컵 16강전에 한국과 프랑스가 대전하는데 한국 팀이 승리할까?

한　국　三三二　⑫ 天地否(천지비) 靑龍昇天(청룡승천)　××

한국은 '푸른 용이 하늘에 올라가다'라는 좋은 운수로 '승리하리라'고 판단하였다. 그러나 실전결과 0 : 3으로 패하여 8강 진출이 좌절되었다.

⑨ 2015년 6월 23일 9시 캐나다에서 열리는 여자축구 월드컵 16강전에서 미국과 콜롬비아가 대전하는데 어느 팀이 승리할까?

미　국　一三二　㊲ 風火家人(풍화가인) 飢中得食(기중득식)　○○

콜롬비아　三三三　⑱ 山風蠱(산풍고) 香花逢春(향화봉춘)　×○

미국은 '굶주린 속에 밥을 얻다'라는 좋은 운수이고 콜롬비아도 '향기나는 꽃이 봄을 만나다'라는 좋은 운수로 양자를 대사한바 우열을 가리기 어려워 이를 미래예측도의 잡괘전 괘효사로 검증하기로 하였다. 미국은 風火家人卦 六二효에 의하면 六二의 길함은 순하고 부드러운 덕 때문이고 콜롬비아는 山風蠱卦 上九효에 의하면 '임금을 섬기지 않는 그 뜻은 법도로 삼을 만하다'라는 것으로 양자를 대사한바 미국이 '승리하리라'고 판단하였다. 실전결과 미국이 승리해 8강에 올랐다.

⑩ 2015년 6월 23일 6시 캐나다에서 열리는 여자축구 월드컵 16강전에서 노르웨이와 잉글랜드가 대전하는데 어느 팀이 승리할까?

노르웨이	五二二	㉞	雷天大壯(뇌천대장) 人無手足(인무수족)	×○
잉글랜드	二五一	⑭	火天大有(화천대유) 無情逢不親(무정봉불친)	○○

노르웨이는 '사람이 형제가 없다'라는 나쁜 운수이고 잉글랜드도 '정이 없어 불친자를 만나다'라는 나쁜 운수로 어느 쪽도 우열을 가리기 어려워 이를 미래예측도의 잡괘전 괘효사로 검증하기로 하였다. 노르웨이는 雷天大壯卦 初九효에 의하면 '용맹함이 지나치다' 한 것은 '반드시 길이 막힌다' 하였고 잉글랜드는 火天大有卦 初九효에 의하면 대유의 初九는 '아직 해로움과 교접되지 않았다'라 하여 양자를 대사한바 잉글랜드가 '승리하리라'고 판단하였다. 실전결과 잉글랜드가 2 : 1로 승리해 8강에 올랐다.

⑪ 2015년 6월 24일 11시 캐나다에서 열리는 여자축구 월드컵 16강전에서 일본과 네덜란드가 대전하는데 일본 팀이 승리할까?

택화혁 토입망중
일 본 二三五 ㊾ 澤火革 兎入網中 ○○

일본은 '토끼가 그물 속에 들아가다'라는 좋은 운수로 '승리하리라'고 판단하였다. 실전결과 일본이 승리해 8강에 진출하였다.

⑫ 2015년 6월 27일 캐나다에서 열리는 여자축구 월드컵 8강전에서 중국과 미국이 대전하는데 어느 팀이 승리할까?

산풍고 향화봉춘
중 국 三三三 ⑱ 山風蠱 香花逢春 ×○

풍지관 용득여의주
미 국 三一二 ⑳ 風地觀 龍得如意珠 ○○

중국은 '향기 나는 꽃이 봄을 만나다'라는 좋은 운수이고 미국도 '용이 여의주를 얻다'라는 좋은 운수로 양자를 대사한바 우열을 가리기 어려워 미래예측도의 잡괘전 괘효사로 재감정하기로 하였다. 중국은 山風蠱卦 上九효에 의하면 '임금을 섬기지 않는 그 뜻은 본받을 만하다'라 하였고 미국은 風地觀卦 六四효에 의하면 '명군의 성덕을 보고 벼슬하여 업적을 올린다'는 것으로 양자를 대사한바 '미국 팀이 승리하리라'고 예측하였다. 27일 미국은 중국과의 8강전에서 1 : 0으로 승리해 4강에 올랐다.

⑬ 2015년 6월 27일 캐나다에서 열리는 여자축구 월드컵 8강전에서 독일과 프랑스가 대전하는데 어느 팀이 승리할까?

뇌수해 기자득식
독 일 三二三 ㊵ 雷水解 飢者得食 ○○

천화동인 빈자득속
프랑스 一三三 ⑬ 天火同人 貧者得粟 ×○

독일은 '굶주린 사람이 밥을 얻다'라는 좋은 운수이고 프랑스도 '가난한 사람이 식량을 얻다'라는 좋은 운수로 양자를 대사한바 우열을 가리기 어려워 미래예측도의 잡괘전 괘효사로 재감정하기로 하였다. 독일은 雷水解卦 九二효에 의하면 '九二가 바르고 길한 것은 중도를 얻었기 때문이다'라 하였고 프랑스는 天火同人卦 六二효에 의하면 '오직 자신의 친족에만 한정하고 널리 일반인에 미치지 못한다'한 것은 '비난받을 일이다'라 하여 양자를 대사한바 '독일이 승리하리라'고 예측하였다. 27일 실전결과 독일(1위)이 프랑스(3위)와 1 : 1로 비겨 승부차기 끝에 5 : 4로 승리하여 4강에 올랐다.

⑭ 2015년 6월 28일 캐나다에서 열리는 여자축구 월드컵 8강전에서 일본과 호주가 대전하는데 어느 팀이 승리할까?

일 본 二二二 ㊸ 澤天夬(택천쾌) 龍昇靑天(용승청천) ○○

호 주 五二二 ㉞ 雷天大壯(뇌천대장) 人無手足(인무수족) ×○

중국은 '용이 푸른 하늘에 오르다'라는 좋은 운수이고 호주는 '사람이 형제가 없다'라는 나쁜 운수로 양자를 대사한바 일본이 '승리하리라'고 판단하였다. 28일 실전결과 일본이 호주를 1 : 0으로 꺾고 4강에 올랐다.

⑮ 2015년 6월 28일 캐나다에서 열리는 여자축구 월드컵에서 잉글랜드와 캐나다가 대전하는데 어느 팀이 승리할까?

잉글랜드 三五三 ㊹ 天風姤(천풍구) 天師敗陣(천사패진) ○×

캐 나 다 二三五 ㊾ 澤火革(택화혁) 兎入網中(토입망중) ××

잉글랜드는 '임금의 군대가 패하다'라는 나쁜 운수이고 캐나다는 '토끼가 그물 안에 들어가다'라는 좋은 운수로 양자를 대사한바 캐나다가 '승리하리라'고 판단하였다. 실전결과 잉글랜드가 승리해 4강에 올랐다.

⑯ 2015년 7월 1일 8시 캐나다에서 열리는 여자축구 월드컵 준결승전에서 독일과 미국이 대전하는데 어느 팀이 승리할까?

독 일	五三二	③水雷屯(수뢰둔) 穉兒得乳(치아득유)	×○
미 국	三三二	⑫天地否(천지비) 青龍昇天(청룡승천)	○○

독일은 '어린아이가 젖을 얻다'라는 좋은 운수이고 미국도 '푸른 용이 하늘에 오르다'라는 좋은 운수로 양자를 대사한바 '미국이 승리하리라'고 예측하였다.

⑰ 2015년 7월 2일 8시 캐나다에서 열리는 여자축구 월드컵 준결승전에서 일본과 잉글랜드가 대전하는데 어느 팀이 승리할까?

일 본	五五二	㊻地風升(지풍승) 飛鶴逢矢(비학봉시)	○○
잉글랜드	三三二	⑫天地否(천지비) 青龍昇天(청룡승천)	×○

일본은 '나는 학이 사기(邪氣)를 쫓다'라는 좋은 운수이고 잉글랜드도 '푸른 용이 하늘에 오르다'라는 좋은 운수로 양자를 대사한바 우열을 가리기 어려워 미래예측도의 잡괘전 괘효사로 재감정하였다. 일본은 地風升卦 初六효에 의하면 '자기의 힘에 마땅하게 올라가 대길하다는 것은 위에 있는 두 양과 서로 뜻이 맞았기 때문이다'라 하였고 잉글랜드는 天地否卦 上九효에 의하면 '비색함이 끝나면 기우나니 어찌 오래갈 수 있으랴' 하여 양자를 대사한바 일본이 '승리하리라'고 판단하였다. 7월 2일 실전결과 일본이 2 : 1로 승리해 결승에 올랐다.

⑱ 2015년 7월 6일 오전 8시 캐나다에서 열리는 여자축구 월드컵 결승전에서 미국과 일본이 대전하는데 어느 팀이 승리할까?

미 국 二二三 ㊸ 水火旣濟 飢鷹逢雉 ○○

일 본 二五二 ⑥ 天水訟 行人逢雨 ×○

미국은 '굶주린 매가 꿩을 만나다'라는 좋은 운수이고 일분은 '길 가는 사람이 비를 만나다'라는 나쁜 운수로 양자를 대사한바 미국이 '승리하리라'고 예측하였다. 실전결과 미국이 승리해 금메달을 차지하고 일본은 은메달을 차지하였다.

⑲ 2015년 7월 7일 캐나다에서 열리는 여자축구 월드컵 3·4위전에서 독일과 잉글랜드가 대전하는데 어느 팀이 승리할까?

독 일 一三二 ㊲ 風火家人 飢中得食 ○○

잉글랜드 五二二 ㉞ 雷天大壯 人無手足 ×○

독일은 '굶주림 중에 밥을 얻다'라는 좋은 운수이고 잉글랜드는 '사람이 형제가 없다'라는 나쁜 운수로 양자를 대사한바 독일이 '승리하리라'고 예측하였다. 실전결과 독일이 승리해 동메달을 차지하였다.

(다) 2015년 광주 유니버시아드

예측수 46

맞은수 43

틀린수 3

맞은율 93.4%

① 2015년 7월 4일 유니버시아드 전적

• 유도 여자 78kg급 예선 결승

박유진 二五五 ⑤5 雷火豊(뇌화풍) 龍無如意珠(용무여의주) ×○

박유진은 '용이 여의주가 없다'라는 나쁜 운수로 '승리하기 어렵다'고 예측하였다. 실전결과 동메달을 받는데 그쳤다.

• 유도 여자 78kg이상급 예선 결승

김민정 一五二 ㊴ 水山蹇(수산건) 飛鶴中矢(비학중시) ×○

김민정은 '나는 학이 화살에 맞다'라는 나쁜 운수로 '승리하기 어렵다'고 예측하였다. 실전결과 패하여 은메달에 그쳤다.

• 유도 남자 100kg급 예선 결승

조구함 二二二 ㊸ 澤天夬(택천쾌) 龍昇青天(용승청천) ○○

조구함은 '용이 푸른 하늘에 오르다'라는 좋은 운수로 '승리하리라'고 예측하였다. 실전결과 승리해 금메달을 차지하였다.

• 유도 남자 100kg이상급 예선 결승

김수완 二五二 ⑥ 天水訟(천수송) 行人逢雨(행인봉우) ×○

김수완은 '길 가는 사람이 비를 만나다'라는 나쁜 운수 '승리하기 어렵다'고 예측하였다. 실전결과 탈락하였다.

● 배구 남자 예선

한　　국	三二三	㊵ 雷水解(뇌수해) 飢者得食(기자득식)	×○
아르헨티나	一五三	㊶ 山澤損(산택손) 冬寒得衣(동한득의)	○○

한국은 '굶주린 사람이 먹을 것을 얻다'라는 좋은 운수이고 아르헨티나도 '추운 겨울에 옷을 얻다'라는 좋은 운수로 양자를 대사한바 우열을 가리기 어려워 미래예측도의 잡괘전 괘효사로 재검증하기로 하였다. 한국은 雷水解卦 九四효에 의하면 '그 발가락(初六)을 잘라버린다'고 한 것은 그 위치가 '마땅하지 않기 때문이다'라 하였고 아르헨티나는 山澤損卦 上九효에 의하면 '덜지 않고 더해 준다는 것은 크게 뜻을 얻었기 때문이다'라 하여 양자를 대사한바 아르헨티나가 '승리하리라'고 예측하였다. 실전결과 아르헨티나가 2 : 0으로 승리하였다.

● 유도 여자 70kg 예선 결승

김성연	二一二	(61) 風澤中孚(풍택중부) 弱馬重駄(약마중태)	○○

김성연은 '여윈 말이 무거운 짐을 실을 만하다'라는 좋은 운수로 '승리하리라'고 예측하였다. 실전결과 승리해 금메달을 거머쥐었다.

● 유도 남자 81kg 예선 결승

왕기춘	一五二	㊴ 水山蹇(수산건) 飛鶴中矢(비학중시)	×○

왕기춘은 '나는 학이 화살에 맞다'라는 나쁜 운수로 '승리하기 어렵다'고 예측하였다. 실전결과 은메달을 받는데 그쳤다.

• 유도 남자 90kg 예선 결승

천산둔 전목부생
곽동한 一三五 ㉝ 天山遯 顚木復生 ○○

곽동한은 '쓰러진 나무가 다시 소생하다'라는 좋은 운수로 '승리하리라'고 예측하였다. 실전결과 승리해 금메달을 차지하였다.

• 유도 여지 예선 결승

수풍정 명주투강
한국 52kg급 三一五 ㊵ 水風井 明珠投江 ××

한국은 52kg급에서 '밝은 구슬을 강물 속에 던지다'라는 좋은 운수로 '승리하리라'고 예측하였다. 실전결과 탈락하였다.

택수곤 백일입운
한국 57kg급 二一一 ㊼ 澤水困 白日入雲 ×○

한국은 57kg급에서 '쨍쨍한 햇볕이 구름 속에 들도다'라는 나쁜 운수로 '승리하기 어렵다'고 예측하였다. 실전결과 패하여 동메달에 그쳤다.

• 유도 남자 73kg급 예선 결승

천지비 용승청천
안창림 三三二 ⑫ 天地否 龍昇青天 ○○

안창림은 '용이 푸른 하늘에 오르다'라는 좋은 운수로 '승리하리라'고 예측하였다. 실전결과 승리해 금메달을 차지하였다.

② 2015년 7월 7일 유니버시아드 전적

• 양궁 컴파운드 남자단체 결승(김종호, 김태윤, 양영호)

한 국 二二三 ⑥③ 水火旣濟(수화기제) 飢鷹逢雉(기응봉치) ○○

양궁 컴파운드 남자단체 결승전은 '굶주린 매가 꿩을 만나다'라는 좋은 운수로 한국 팀이 '승리하리라'고 예측하였다. 실전결과 승리해 금메달을 목에 걸었다.

• 양궁 컴파운드 혼성 결승(김종호,송윤수)

한 국 一三一 ②⑦ 山雷頤(산뢰이) 渴者得水(갈자득수) ○○

양궁 컴파운드 혼성 결승은 '목마른 사람이 물을 얻다'라는 좋은 운수로 한국 팀이 '승리하리라'고 예측하였다. 실전결과 승리해 금메달을 목에 걸었다.

• 양궁 컴파운드 남자 개인 결승(김종호, 김태윤)

한 국 五二三 ⑤⑧ 兌爲澤(태위택) 人得長壽(인득장수) ○○

양궁 컴파운드 남자 개인 결승은 '사람이 장수하다'라는 좋은 운수로 한국 선수끼리(김종호, 김태윤) 대전해 득점에 의해 승부를 가리게 되었다. 실전결과 김종호 선수가 다득점으로 승리해 금메달을 추가하였다. 이날 현재 김종호 선수는 3관왕이 되었다.

• 양궁 컴파운드 여자 개인 결승(송윤수)

송윤수 一三二 ③⑦ 風火家人(풍화가인) 飢中得食(기중득식) ○○

송윤수 선수는 '굶주림 속에 밥을 얻다'라는 좋은 운수로 결승전에서

'승리하리라'고 예측하였다. 실전결과 승리해 금메달을 목에 걸어 2관왕이 되었다.

- 유도 여자 48k급 예선 결승

한 국 二三五 ㊾ 澤火革(택화혁) 兎入網中(토입망중) ○○

한국 팀은 '토끼가 그물 속에 들어가다'라는 좋은 운수로 '승리하리라'고 예측하였다. 실전결과 승리해 금메달을 차지하였다.

③ 2015년 7월 8일 유니버시아드 전적

- 배드민턴 남자복식 결승(이용대, 고성현)

한 국 ㊼ 巽爲風(손위풍) 行人得路(행인득로) ○○

한국 팀은 '길 가는 사람이 길을 얻다'라는 좋은 운수로 '승리하리라'고 예측하였다. 실전결과 2 : 0으로 이겨 금메달을 차지하였다.

- 양궁 남자 리커브 단체 결승 (김우진, 구본찬, 이승윤)

한 국 二二三 ㊿ 水火旣濟(수화기제) 飢鷹逢雉(기응봉치) ○○

한국 팀은 '굶주린 매가 꿩을 만나다'라는 좋은 운수로 '승리하리라'고 예측하였다, 실전결과 승리해 금메달을 차지하였다.

- 양궁 여자 리커브 단체 결승(기보배, 최미선, 강채영)

한 국 一五三 ㊶ 山澤損(산택손) 冬寒得衣(동한득의) ××

한국 팀은 '추운 겨울에 옷을 얻다'라는 좋은 운수로 '승리하리라'고 예측하였다. 실전결과 패하여 은메달을 차지하는데 그쳤다.

• 양궁 리커브 혼성 결승(기보배, 이승윤)

한 국 一一三 ㉑ 火雷噬嗑(화뢰서합) 暗中逢明(암중봉명) ○○

한국 팀은 '어둠 속에 밝음을 얻다'라는 좋은 운수로 '승리하리라'고 예측하였다. 실전결과 승리해 금메달을 차지하였다.

• 양궁 남자 리커브 개인 결승(이승윤, 구본찬)

한 국 二二三 ⑥③ 水火旣濟(수화기제) 飢鷹逢雉(기응봉치) ○○

한국 팀은 '굶주린 매가 꿩을 만나다'라는 좋은 운수로 한국 선수끼리 대전해 승점에 의해 가리게 되었다. 실전결과 이승윤 선수가 다득점으로 승리해 금메달을 차지하였다. 이로써 이승윤 선수는 3관왕 구본찬 선수는 2관왕이 되었다.

• 양궁 여자 리커브 개인 결승(기보배, 최미선)

한 국 二三五 ㊾ 澤火革(택화혁) 兎入網中(토입망중) ○○

한국 팀은 '토끼가 그물 속에 들어가다'라는 좋은 운수로 한국 선수끼리 대전해 승점에 의해 가리게 되었다. 실전결과 기보배 선수가 다득점으로 승리해 금메달을 차지하였다. 이로써 기보배 선수는 2관왕이 되었다.

• 펜싱 여자 사브르 단체 8강 결승(김선희, 김하은, 최수연, 최신희)

한 국 二二二 ㊸ 澤天夬(택천쾌) 龍昇青天(용승청천) ○○

한국은 '용이 푸른 하늘에 오르다'라는 좋은 운수로 '승리하리라'고 예측하였다. 실전결과 승리해 금메달을 차지하였다.

• 축구 남자 8강 (대우크라이나 전)

수화기제 기응봉치
한 국 二二三 (63) 水火旣濟 飢鷹逢雉 ○○

한국은 '굶주린 매가 꿩을 만나다'라는 좋은 운수로 '승리하리라'고 예측하였다. 실전결과 승리해 4강에 올랐다.

• 태권도 여자 57kg급 예선 결승

수화기제 기응봉치
김소희 二二三 (63) 水火旣濟 飢鷹逢雉 ○○

김소희는 '굶주린 매가 꿩을 만나다'라는 좋은 운수로 '승리하리라'고 예측하였다. 실전결과 승리해 금메달을 차지하였다.

• 태권도 남자 87kg 이상급

간위산 이가실소
박윤근 三五一 (52) 艮爲山 離家失所 ×○

박윤근은 '집을 떠나 머무를 곳을 잃다'라는 나쁜 운수로 '패하리라'고 예측하였다. 실전결과 은메달을 차지하는데 그쳤다.

• 태권도 여자 62kg급 예선 결승

감위수 야승박등
전채은 一二三 (29) 坎爲水 夜蠅撲燈 ×○

정채은은 '밤 파리가 등불에 부딪히다'라는 나쁜 운수로 '패하리라'고 예측하였다. 실전결과 패하여 탈락하였다.

• 태권도 여자 73kg이상급 예선 결승

화천대유 무정봉불친
김빛나 二五一 (14) 火天大有 無情逢不親 ×○

김빛나는 '정이 없어 친하지 않는 사람을 만나다'라는 나쁜 운수로 '패하리라'고 예측하였다. 실전결과 패하여 탈락하였다.

- 테니스 여자 복식 결승(한나래, 이소라)

한 국 三二五 ㉔ 地雷復(지뢰복) 魚躍雨中(어약우중) ○○

한국은 '물고기가 빗속에서 뛰다'라는 좋은 운수로 '승리하리라'고 예측하였다. 실전결과 승리해 금메달을 차지하였다.

- 야구 3 · 4위전 결선(22명)

한 국 一三二 ㊲ 風火家人(풍화가인) 飢中得食(기중득식) ○○

한국은 '굶주린 사람이 밥을 얻다'라는 좋은 운수로 '승리하리라'고 예측하였다. 실전결과 3위에 올라 동메달을 받았다.

- 리듬체조 개인종합 예선 결선(손연재)

한 국 一三五 ㉝ 天山遯(천산둔) 顚木復生(전목부생) ○○

한국은 '쓰러진 나무가 다시 살아나다'라는 좋은 운수로 '승리하리라'고 예측하였다. 실전결과 손연재는 12일 둘째 날 경기에서 리본 18.050점, 곤봉 18.350점을 받아 전날 얻은 후프 18.000점과 볼 18.150점을 합쳐 합계 72.55점으로 금메달을 목에 걸었다.

- 태권도 남자 63kg급 예선결승(김광석)

한 국 一一五 ㉕ 天雷无妄(천뢰무망) 穉兒失母(치아실모) ×○

한국은 '어린아이가 어미를 잃었다'라는 나쁜 운수로 '패하리라'고 예측하였다. 실전결과 패하여 탈락하였다.

• 태권도 여자 53kg급 예선 결승(김민정)

한 국 二五三 ㊼ 巽爲風(손위풍) 行人得路(행인득로) ○○

한국은 '길 가는 사람이 길을 얻었다'라는 좋은 운수로 '승리하리라'고 예측하였다. 실전결과 승리해 금메달을 목에 걸었다.

• 배드민턴 남자 단식 결승(전혁진)

한 국 三二二 ㉖ 山天大畜(산천대축) 貧者得錢(빈자득전) ○○

한국은 '가난한 사람이 돈을 얻다'라는 좋은 운수로 '승리하리라'고 예측하였다. 실전결과 승리해 금메달을 차지하였다.

• 배드민턴 여자 단식 결승(성지현)

한 국 二二二 ㊸ 澤天夬(택천쾌) 龍昇靑天(용승청천) ○○

한국은 '용이 푸른 하늘에 오르다'라는 좋은 운수로 '승리하리라'고 예측하였다. 실전결과 승리해 금메달을 목에 걸었다.

• 배드민턴 남자 복식 결승(김시랑, 김기정)

한 국 三一五 ㊽ 水風井(수풍정) 明珠投江(명주투강) ○○

한국은 '밝은 구슬을 강물 속에 던지다'라는 좋은 운수로 '승리하리라'고 예측하였다. 실전결과 승리해 금메달을 차지하였다.

• 배드민턴 여자 복식 결승(이소희, 신승찬)

한 국 二二三 ㊸ 水火旣濟(수화기제) 飢鷹逢雉(기응봉치) ○○

한국은 '굶주린 매가 꿩을 만나다'라는 좋은 운수로 '승리하리라'고 예측하였다. 실전결과 승리해 금메달을 차지하였다.

• 배드민턴 혼합복식 결승(김기정, 신승찬)

한 국 一一三 ㉑ 火雷噬嗑 暗中逢明 ○○

(화뢰서합 암중봉명)

한국은 '어둠 속에서 밝음을 만나다'라는 좋은 운수로 '승리하리라'고 예측하였다. 실전결과 승리해 금메달을 차지하였다.

• 테니스 남자 단식 결승(정현)

한 국 三五五 ㉚ 離爲火 雪梅逢春 ○○

(이위화 설매봉춘)

한국은 '눈 속의 매화가 봄을 만나다'라는 좋은 운수로 '승리하리라'고 예측하였다. 실전결과 승리해 금메달을 차지하였다.

• 리듬체조 종목별 결선(손연재)

한 국 五二一 ㊷ 雷山小過 暗中明燭 ○○

(뇌산소과 암중명촉)

손연재는 '어둠 속에서 촛불을 밝히다'라는 좋은 운수로 '승리하리라'고 예측하였다. 실전결과 볼 18.300점, 후프 18.250점, 리본 17.800점, 곤봉 17.800점을 합쳐 합계 72.15점으로 금메달을 차지하였다.

• 핸드볼 여자 결승 (대러시아)

한 국 三二五 ㉔ 地雷復 魚躍雨中 ××

(지뢰복 어약우중)

한국은 '물고기가 빗속에서 뛰다'라는 좋은 운수로 '승리하리라'고 예측하였다. 실전결과 패하여 동메달을 타는데 그쳤다.

- 축구 남자 결승 (대이탈리아 전)

한 국 五三三 ㊳ 火澤睽(화택규) 有弓無矢(유궁무시) ×○

한국은 '활은 있으나 화살이 없다'라는 나쁜 운수로 '승리하기 어렵다'고 예측하였다. 실전결과 패하여 은메달을 차지하였다.

- 탁구 여자 단식 준결승(양하은)

한 국 三五三 ㊹ 天風姤(천풍구) 天師敗陣(천사패진) ×○

한국은 '임금의 군대가 싸움에서 패하다'라는 나쁜 운수로 '패하리라'고 예측하였다. 실전결과 동메달을 차지하였다.

- 탁구 남자 단식 준결승(이상수)

한 국 一三三 ⑨ 風天小畜(풍천소축) 龍入海中(용입해중) ×○

한국은 '용이 바다 속에 들어가다'라는 나쁜 운수로 '패하리라'고 예측하였다. 실전결과 동메달을 차지하였다.

2015 광주유니버시아드
국가별 메달 순위
7월 14일 최종

순위	국가	금	은	동	합계
1	대한민국	47	32	29	108
2	러시아	34	39	49	122
3	중국	34	22	16	72
4	일본	25	25	35	85
5	미국	20	15	19	54
6	프랑스	13	9	8	30
7	이탈리아	11	15	17	43
8	우크라이나	8	17	6	31
9	이란	7	2	6	15
10	대만	6	12	18	36

숫자로 본 2015년 광주 유니버시아드	
1	유도 남자 100kg급 조구함(23), 한국 첫 금메달
2	배드민턴 여자 단식 성지현(23), 유도 남자 90kg급 곽동한(23), 유도 100kg급 조구함 대회 2연패
3	양궁 김종호(21)와 이승윤(20), 사격 박대훈(20), 배드민턴 김기정(25)과 신승찬(21), 리듬체조의 손연재(21) 3관왕
8	유도, 태권도, 양궁에서 딴 금메달 수
79	이번 대회에 메달 딴 나라 수
108	한국 선수단이 획득한 메달 수
686	양궁 기보배(27)가 여자 리커브 70m에서 작성한 세계신기록 점수

(라) 2015년 동아시안컵 축구대회

예측수 12

맞은수 6

틀린수 6

맞은율 50%

① 2015년 8월 1일 동아시안컵 여자부 축구대회에서 한국과 중국이 대전하는데 어느 팀이 승리할까?

화택규 유궁무시
한 국 五三三 ㊳ 火澤睽 有弓無矢 ○×

손위풍 행인득로
중 국 二五三 ㊼ 巽爲風 行人得路 ××

한국은 '활은 있으되 화살이 없다'라는 나쁜 운수이고 중국은 '길 가는 사람이 길을 얻다'라는 좋은 운수로 양자를 대사한바 중국이 '승리하리라'고 예측하였다. 실전결과 예상외로 한국이 1 : 0으로 승리하였다.

② 2015년 8월 2일 동아시안컵 남자부 축구대회에서 한국과 중국이 대전하는데 어느 팀이 승리할까?

뇌수해 기자득식
한 국 三二三 ㊵ 雷水解 飢者得食 ○○

택천쾌 용승청천
중 국 二二二 ㊸ 澤天夬 龍昇青天 ×○

한국은 '굶주린 사람이 먹을 것을 얻다'라는 좋은 운수이고 중국도 '용이 푸른 하늘에 오르다'라는 좋은 운수로 양자를 대사한바 우열을 가리기 어려워 미래예측도의 잡괘전 괘효사로 검증하기로 하였다. 한국은 雷水解卦 九二효에 의하면 九二가 '바르고 길한 것은 중도를 얻었기 때문이다'라 하였고 중국은 澤天夬卦 上六효에 의하면 '아무리 울부짖어도 흉한 것은 어차피 오래가지 못하기 때문이다'라 하여 양자를 대사한바 한국이 '승리하리라'고 예측하였다. 실전결과 한국이 2 : 0으로 승리하였다.

③ 2015년 8월 4일 동아시안컵 여자부 축구대회에서 한국과 일본이 대전하는데 어느 팀이 승리할까?

한 국	一二二	⑤ 水天需(수천수) 得罪無恩(득죄무은)	○×
일 본	二二二	⑫ 天地否(천지비) 龍昇靑天(용승청천)	××

한국은 '죄를 얻어 은총을 받지 못하다'라는 나쁜 운수이고 일본은 '푸른 용이 하늘에 오르다'라는 좋은 운수로 양자를 대사한바 '일본이 승리하리라'고 예측하였다. 실전결과는 반대로 한국이 2 : 1로 승리했다.

④ 2015년 8월 5일 동아시안컵 남자부 축구대회에서 한국과 일본이 대전하는데 어느 팀이 승리할까?

한 국	三二二	㉖ 山天大畜(산천대축) 貧者得錢(빈자득전)	○○
일 본	三二三	㊵ 雷水解(뇌수해) 飢者得食(기자득식)	○○

한국은 '가난한 사람이 돈을 얻다'라는 좋은 운수이고 일본도 '굶주린 사람이 밥을 얻다'라는 좋은 운수로 양자를 대사한바 '무승부가 되리라'고 예측하였다. 실전결과 1 : 1로 비겼다.

⑤ 2015년 8월 8일 동아시안컵 여자부 축구대회에서 한국과 북한이 대전하는데 어느 쪽이 승리할까?

한 국 三二五 ㉔ 地雷復(지뢰복) 魚躍雨中(어약우중) ××

북 한 二一三 ㊺ 澤地萃(택지췌) 良弓失矢(양궁실시) ○×

한국은 '물고기가 빗속에서 뛰다'라는 좋은 운수이고 북한은 '좋은 활에 화살이 없다'라는 나쁜 운수로 양자를 대사한바 '한국이 승리하리라'고 예측하였다. 그러나 실전결과 한국이 0 : 2로 패하여 준우승에 머물렀다.

⑥ 2015년 8월 9일 동아시안컵 남자부 축구대회에서 한국과 북한이 대전하는데 어느 쪽이 승리할까?

한 국 三三一 ⑧ 水地比(수지비) 魚變成龍(어변성룡) ○○

북 한 二一一 ㊼ 澤水困(택수곤) 白日入雲(백일입운) ×○

한국은 '물고기가 변하여 용이 되다'라는 좋은 운수이고 북한은 '쨍쨍한 햇빛이 구름 속에 들어가다'라는 나쁜 운수로 양자를 대사한바 '한국이 승리하리라'고 예측하였다. 실전에 들어가 한국 대표팀은 북한과 0 : 0으로 비겼다. 북한을 상대로 슈팅수 25-4, 점유율 64-36(%) 코너킥 11-0 등 일방적인 공세를 펼치고도 승리를 따내지 못한 한국은 이번 대회를 1승 2무(승점 5)로 마쳤다. 이어 열린 경기에서 중국과 일본이 1 : 1로 비기면서 한국의 우승이 확정됐다. 최종순위는 한국(1승 2무), 중국(1승 1무 1패), 북한(1승 1무 1패), 일본(2무 1패) 순이다. 중국과 북한이 승점에서 동률을 이뤘지만 승자승 원칙에 따라 중국이 2위가 되었다. 한국은 통산 세 번째 우승으로 동아시안컵 최다 우승국이 되었다.

2015년 예측집계표

예측구분	총수	맞은 수	틀린 수	맞은율(%)
(가) 2015년 총류	100	86	14	86
(나) 2015년 여자축구 월드컵 경기	35	30	5	85.7
(다) 2015년 광주 유니버시아드	46	43	3	93.6
(라) 2015년 동아시안컵 축구대회	12	6	6	50
합 계	193	165	28	85.49

(마) 척사점의 한계

척사점의 효과는 정신면, 신체면, 환경면의 3요소가 건전해야 기량이 증진하는데 그렇지 못할 경우에는 한계에 부딪히게 된다. 이를 구체적으로 적시하면

① 노쇠로 정신력이 약화되면 신(神)에 기원하는 힘이 약해지고,

② 노쇠로 인해 신체행동이 자유롭지 못하면 목욕재계가 여의치 않게 되고,

③ 윷을 던지는 대판이 평평하고 딱딱하지 않으면 던진 윷이 제대로 구르기 어렵고 또 아파트에서 윷을 던지다가 진동에 의해 아래층 사람들의 비난을 받게 되면 자연 의기가 소침해지기 때문에 이 세 가지 경우에는 한계에 부딪혀 점의 확률이 떨어지게 된다.

④ 이와 같은 확률은 2010년부터 2015년까지 6년간에 걸친 척사점(2010년 432건, 2014년 724건, 2015년 193건, 총 1,349건)에서 나타나 그 결과 '2014년에는 84.7%, 2015년에는 85.49%'의 확률을 보였으나 그 이상은 아직도 넘지 못하고 있는 실정이다. 이로 미루어 보면 척사점의 확률에는 한계가 있다는 사실을 알게 되었다.

3. 척사점법을 기조로 한 본서법 절차의 예측방법

척사점의 한계를 극복하기 위한 방안으로 예측도구인 '윷'을 '대나무'로 바꾸되 그 방법과 절차는 주양척사점법을 그대로 준용한다. 그 내용을 설명하면 다음과 같다. 다만 예측대상이 소량이거나 지극히 중요한 경우에 한한다. 여타는 척사점으로도 충분하기 때문이다.

(1) 본서법(本筮法)으로 괘를 만드는 절차

본서법은 네 번 운용하여 18변하는 고대사회로부터 내려오는 영묘한 예측방법으로 만물의 이치를 남김없이 서술한 주역이론에서 나온 것이다.

① 처음에 집어든 서죽(筮竹) 50개에서 1개를 제쳐놓는다. 이는 태극(太極)을 상징하며 천지만물의 근원으로서 변동하지 않는다는 원리를 말한 것으로 즉 계사전에 '그 사용이 49'라고 되어 있는데서 연유한 것이다.

② 다음에 49개를 천책(天策)인 왼손에 가지고 지책(地策)인 오른손으로 자연스럽게 49개를 둘로 나누어 오른손의 절반을 아래에 둔다(제1영). 그 놓은데서 또 1개를 빼내서 왼손의 무명지 약손가락과 새끼손가락 사이에 끼운다. 즉 '1을 끼워 3에 상징한다'라고 되어 있는데 따른 것이다(제2영). 오른손의 절반과 아래에 둔 절반과 또 지금 낀 1개를 가리키는 것이다.

③ 다음에 오른손으로 왼손에 있는 천책(天策) 절반을 한 번에 4개씩 덜어낸다. 즉 '이를 덜어내는 데 4개씩 하여 4시(時)에 상징한다'라고 되어 있는 것이(제3영 전반) 그것이다. 이 4개씩 덜어낸 나머지는 1개, 2개, 3개, 또는 4개로 이를 왼손의 무명지와 가운뎃손가락 사이에 끼운다. 이것

이 '나머지를 손가락 사이에 끼워서 윤년(閏年)에 상징한다'라고 되어 있는데 따른 것이다. 이것은 음력에서 1년을 360일로 하고 남은 수를 모아 윤달을 만드는 것을 의미하고 있다. 이 나머지의 4개도 끼우는 것을 잊어서는 안 된다. 그런데 4개씩 덜어낸 것은 그대로 둔다(제3영 후반).

④ 다음에 오른손에 있는 지책(地策) 절반에 대해 먼저와 같이 한 번에 4개씩 덜어내어(제4영 전반) 또 그 나머지를 가운뎃손가락과 집게손가락 사이에 끼운다. 이것이 '윤달이 대개 5년에 두 번 있어 두 번 손가락 사이에 끼운 후에 건다'라고 되어 있는 뜻이다(제4영 후반). 이렇게 세 번에 손가락 사이에 끼운 서죽(筮竹)의 수는 5개나 9개이다. 이를 제1변이라고 한다.

⑤ 다음에 위의 5개나 9개를 덜어낸 44개나 또는 40개에 대하여 먼저와 같은 절차를 되풀이한다. 그래서 또 세 번에 손가락에 끼운 수는 반드시 4개나 8개이다. 이를 제2변이라고 한다.

⑥ 다음에 지금의 4개나 8개를 덜어낸 40개, 36개, 또는 32개에 대해 또 위와 같은 절차를 되풀이한다. 그래서 또 세 번에 끼운 수는 4개나 8개가 된다.

이와 같이 제1변으로부터 제3변까지의 3회에 남은 수는 13개, 17개, 21개 또는 25개가 된다. 이를 49개로부터 덜어내면 36개, 32개, 28개, 또는 24개가 된다. 이 수에 의하여 제1효를 그리게 된다. 36개면 9, 32개면 8, 28개면 7, 24개면 6으로 즉, 9, 8, 7, 6의 어느 것이다. 그래서 9면 노양(老陽), 8이면 소음(少陰), 7이면 소양(少陽), 6이면 노음(老陰)이라고 하는 이치로 이를 산가지에 의하여 나타낸다. 이것이 네 번 운용하여 18변하는 과정이다.

(2) 본서법 절차에 의한 예측사례 1 (알파고 바둑경기와 새누리당 경선)

2016년 3월에 열리는 이세돌 9단과 인공기계인 알파고의 바둑경기와 새누리당 경선문제에 대해 전항의 수순에 따라 4회 예측한바 다음과 같은 성과를 거두어 그 효능가치를 측정하게 되었다.

본서법의 예측도구는 원래 엉거지과에 속하는 다년초인 시초(蓍草)의 줄기였으나 현대에 이르러서는 대나무로 만든 서죽(筮竹)을 사용하는 것이 일반적이다. 서죽은 전통시장 김밥도구 점포에 들러 김밥을 마는 대발 1묶음을 사서 13㎝ 정도의 길이로 재단하여 사용하면 된다.

이 본서법은 척사점법을 기조로 한 작괘 과정이기 때문에 주자의 '계몽' 이론은 적용하지 않기로 하였다.

[서죽 견본]

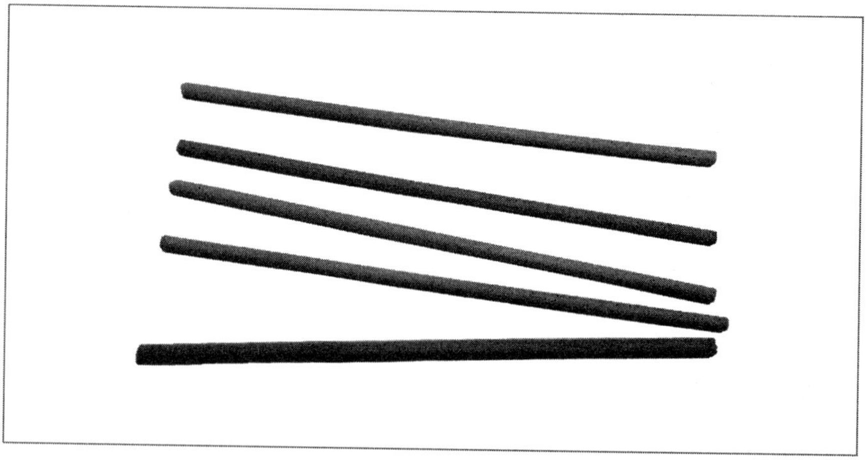

① 2016년 3월 15일 열리는 이세돌 9단과 알파고의 바둑경기 4차전 에서 이세돌 9단이 승리할까?

	⑥	1 5 2 8 3 4	49 − 17 = 32 ÷ 4 = 8 (소음)	--	坤(곤)
	⑤	1 5 2 4 3 8	49 − 17 = 32 ÷ 4 = 8 (소음)	--	
	④	1 5 2 4 3 8	49 − 17 = 32 ÷ 4 = 8 (소음)	--	
알파고	③	1 5 2 4 3 8	49 − 17 = 32 ÷ 4 = 8 (소음)	--	爲(위)
	②	1 5 2 8 3 4	49 − 17 = 32 ÷ 4 = 8 (소음)	--	
	①	1 5 2 4 3 8	49 − 17 = 32 ÷ 4 = 8 (소음)	--	地(지)

이세돌 9단 坤爲地(곤위지) 牛馬逢虎(우마봉호) (좋은 운) ○○

이세돌 9단은 '마소가 상생의 범을 만나다'라는 좋은 운수로 '승리하리라'고 예측하였다. 실전결과 이세돌 9단이 승리하였다.

② 2016년 3월 17일 열리는 이세돌 9단과 알파고의 바둑경기 5차 전에서 이세돌 9단이 승리할까?

이세돌 9단	⑥	1 9 2 4 3 8	49 − 21 = 28 ÷ 4 = 7 (소양)	—	산 山
	⑤	1 5 2 4 3 8	49 − 17 = 32 ÷ 4 = 8 (소음)	--	
	④	1 5 2 4 3 8	49 − 17 = 32 ÷ 4 = 8 (소음)	--	지 地
	③	1 9 2 8 3 4	49 − 17 = 32 ÷ 4 = 8 (소음)	—	
	②	1 5 2 4 3 8	49 − 17 = 32 ÷ 4 = 8 (소음)	--	박 剝
	①	1 5 2 8 3 4	49 − 17 = 32 ÷ 4 = 8 (소음)	--	

이세돌 9단 山地剝(산지박) 人君失土(인군실토) (나쁜 운) ×○

이세돌 9단은 '임금이 영토를 잃다'라는 나쁜 운수로 '승리하기 어렵다'라고 예측하였다. 실전결과 불계패당하였다.

③ 2016년 3월 20일 김무성 대표의 옥새투쟁이 성공할까?

	⑥	1 5 2 8 3 8	49 − 21 = 28 ÷ 4 = 7	—	風(풍)
	⑤	1 9 2 8 3 4	49 − 21 = 28 ÷ 4 = 7	—	
김무성 대표	④	1 5 2 8 3 4	49 − 17 = 32 ÷ 4 = 8	--	山(산)
	③	1 5 2 8 3 8	49 − 21 = 28 ÷ 4 = 7	—	
	②	1 5 2 8 3 4	49 − 17 = 32 ÷ 4 = 8	--	漸(점)
	①	1 5 2 8 3 4	49 − 17 = 32 ÷ 4 = 8	--	

김무성 風山漸(풍산점) 死病得藥(사병득약) (좋은 운) ○○

김무성 대표는 '죽을 병에 약을 얻다'라는 좋은 운수로 '옥새투쟁은 성공하리라'고 예측하였다. 3월 25일 새누리당 최고위에서 유승민·이재오 지역은 무공천한다는 결정으로 등록시한 2시간 전에 극적으로 당대표 직인을 찍어 확정지었다.

④ 2016년 3월 20일 대구동구을 유승민 후보의 공천이 성사될까?

유승민	⑥	1 5 2 4 3 4	49 − 13 = 36 ÷ 4 = 9	−	天(천)
	⑤	1 5 2 4 3 4	49 − 13 = 36 ÷ 4 = 9	−	
	④	1 5 2 4 3 4	49 − 13 = 36 ÷ 4 = 9	−	澤(택)
	③	1 5 2 4 3 8	49 − 17 = 32 ÷ 4 = 8	--	
	②	1 9 2 8 3 4	49 − 21 = 28 ÷ 4 = 7	−	履(리)
	①	1 5 2 4 3 4	49 − 13 = 36 ÷ 4 = 9	−	

유승민 天澤履(천택리) 良弓得矢(양궁득시) (좋은 운) ○○

유승민 후보는 '좋은 활에 화살을 얻다'라는 좋은 운수로 공천되리라고 예측하였다. 유승민 후보는 24일 동안 당 공간위의 고의적인 공천심사 지연전술로 부득이 등록신청 2시간 전에 정든 당을 떠나 무소속으로 등록했다. 그러나 등록 마지막 날인 25일에 김무성 대표의 옥새투쟁 결과 대구동(을)이 무공천지구로 책정됨에 따라 23일에 공천된 이재만 후보가 자동 실격됨으로써 유승민 후보의 본선 진출이 사실상 확정되었다.

이상으로 4건을 본서법(本筮法) 절차로 예측해 보았는데 순수척사점법에 비해 본서법의 효능이 우월하다는 사실을 알게 되었다. 따라서 이를 최종 확인하기 위해서는 4·13총선에서 재실험 후 그 효능가치를 판정하는 것이 타당하다고 본다.

(3) 본서법 절차에 의한 예측사례 2 (4·13 국회의원 선거)

전항에서 서술한 바와 같이 본서법 절차의 진가를 발휘해 앞으로 다가올 4·13총선의 당락을 점쳐보았다. 그래야 본서법 절차의 우열여부를 확정할 수 있기 때문이다. 그러나 필자의 나이 이미 91세로 고질적 망막증세가 겹쳐 시력이 점감되고 또 예측 소요시간이 1회에 40분이나 소요되기 때문에 많은 지역은 염두도 내지 못하였다. 따라서 최소한도의 지역에만 국한하였다.

① 2016년 4월 4일, 20대 총선(경남 창원·성산)에서 (새)강기윤 후보가 당선될까?

효별	변수	끼운수	태극	끼운수 계	나머지 수	4시	음양	괘명
⑥	1 2 3	5 4 8	49	− 17	= 32	÷ 4	= 8	--
⑤	1 2 3	9 4 8	49	− 21	= 28	÷ 4	= 7	— 水(수)
④	1 2 3	5 8 4	49	− 17	= 32	÷ 4	= 8	-- 山(산)
③	1 2 3	5 4 4	49	− 13	= 36	÷ 4	= 9	—
②	1 2 3	9 8 8	49	− 25	= 24	÷ 4	= 6	-- 蹇(건)
①	1 2 3	5 8 4	49	− 17	= 32	÷ 4	= 8	--

㊴ 강기윤 飛鶴中矢(비학중시) (나쁜 운)

나는 학이 화살에 맞도다 (낙선) ×○

② (정)노회찬 후보가 당선될까?

효별	변수	끼운수	태극		끼운수 계		나머지 수		4시		음양		괘명
⑥	1 2 3	5 4 4	49	−	13	=	36	÷	4	=	9	⚊	天(천)
⑤	1 2 3	5 4 4	49	−	13	=	36	÷	4	=	9	⚊	
④	1 2 3	5 8 8	49	−	21	=	28	÷	4	=	7	⚊	澤(택)
③	1 2 3	5 8 4	49	−	17	=	32	÷	4	=	8	⚋	
②	1 2 3	5 4 4	49	−	13	=	36	÷	4	=	9	⚊	履(리)
①	1 2 3	9 8 4	49	−	21	=	28	÷	4	=	7	⚊	

⑩ 노회찬 良弓得矢(양궁득시) (좋은 운)

좋은 활이 화살을 얻도다 (당선) ○○

③ 2016년 4월 4일, 20대 총선(경남 밀양·함안·창녕)에서 (새)엄용수 후보가 당선될까?

효별	변수	끼운수	태극		끼운수 계		나머지 수		4시		음양		괘명
⑥	1 2 3	9 4 4	49	−	17	=	32	÷	4	=	8	⚋	水(수)
⑤	1 2 3	5 4 4	49	−	13	=	36	÷	4	=	9	⚊	
④	1 2 3	5 8 4	49	−	17	=	32	÷	4	=	8	⚋	地(지)
③	1 2 3	9 4 4	49	−	17	=	32	÷	4	=	8	⚋	
②	1 2 3	5 4 8	49	−	17	=	32	÷	4	=	8	⚋	比(비)
①	1 2 3	5 4 8	49	−	17	=	32	÷	4	=	8	⚋	

⑧ 엄용수 魚變成龍(어변성룡) (좋은 운)

물고기가 변하여 용이 되다 (당선) ○○

④ (무)조해진 후보가 당선될까?

효별	변수	끼운수	태극	끼운수 계	나머지수	4시	음양	괘명
⑥	1 2 3	5 4 8	49	− 17	= 32	÷ 4	= 8	--
⑤	1 2 3	5 8 8	49	− 21	= 28	÷ 4	= 7	— 澤(택)
④	1 2 3	5 4 4	49	− 13	= 36	÷ 4	= 9	— 山(산)
③	1 2 3	5 8 8	49	− 21	= 28	÷ 4	= 7	—
②	1 2 3	5 8 4	49	− 17	= 32	÷ 4	= 8	-- 咸(함)
①	1 2 3	5 4 8	49	− 17	= 32	÷ 4	= 8	--

㉛ 조해진 草木無根(초목무근) (나쁜 운)

초목에 뿌리가 없도다 (낙선) ×○

⑤ 2016년 4월 4일, 20대 총선(경기 평택을)에서 (새)유의동 후보가 당선될까?

효별	변수	끼운수	태극	끼운수 계	나머지수	4시	음양	괘명
⑥	1 2 3	5 4 4	49	− 13	= 36	÷ 4	= 9	∘—
⑤	1 2 3	9 4 4	49	− 17	= 32	÷ 4	= 8	-- 山(산)
④	1 2 3	5 4 8	49	− 17	= 32	÷ 4	= 8	-- 火(화)
③	1 2 3	5 4 4	49	− 13	= 36	÷ 4	= 9	∘—
②	1 2 3	9 8 8	49	− 25	= 24	÷ 4	= 6	∘-- 賁(비)
①	1 2 3	5 8 8	49	− 21	= 28	÷ 4	= 7	—

㉒ 유의동 明君得賢臣(명군득현신) (좋은 운)

명군이 어진 신하를 얻다 (당선) ○○

⑥ (더)김선기 후보가 당선될까?

효별	변수	끼운수	태극		끼운수 계		나머지수		4시		음양	괘명
⑥	1 2 3	9 8 8	49	−	25	=	24	÷	4	=	6	--	
⑤	1 2 3	5 8 4	49	−	17	=	32	÷	4	=	8	--	地(지)
④	1 2 3	5 4 8	49	−	17	=	32	÷	4	=	8	--	天(천)
③	1 2 3	9 4 8	49	−	21	=	28	÷	4	=	7	—	
②	1 2 3	5 8 8	49	−	21	=	28	÷	4	=	7	—	泰(태)
①	1 2 3	5 4 4	49	−	13	=	36	÷	4	=	9	—	

⑪ 김선기 良弓無絃(양궁무현) (나쁜 운)

좋은 활이 줄이 없도다 (낙선) ×○

⑦ 2016년 4월 4일, 20대 총선(서울 마포을)에서 (새)김성동 후보가 당선될까?

⑥	1 2 3	9 8 8	49	−	25	=	24	÷	4	=	6	--	
⑤	1 2 3	5 8 8	49	−	21	=	28	÷	4	=	7	—	澤(택)
④	1 2 3	5 4 4	49	−	13	=	36	÷	4	=	9	—	山(산)
③	1 2 3	9 8 4	49	−	21	=	28	÷	4	=	7	—	
②	1 2 3	5 4 8	49	−	17	=	32	÷	4	=	8	--	咸(함)
①	1 2 3	5 8 4	49	−	17	=	32	÷	4	=	8	--	

㉛ 김성동 草木無根(초목무근) (나쁜 운)

초목에 뿌리가 없도다 (낙선) ×○

⑧ (더)손혜원 후보가 당선될까?

효별	변수	끼운수	태극		끼운수 계		나머지 수		4시		음양		괘명
⑥	1 2 3	5 4 4	49	−	13	=	36	÷	4	=	9	—	
⑤	1 2 3	5 4 4	49	−	13	=	36	÷	4	=	9	—	風(풍)
④	1 2 3	5 8 4	49	−	17	=	32	÷	4	=	8	--	雷(뢰)
③	1 2 3	5 8 4	49	−	17	=	32	÷	4	=	8	--	
②	1 2 3	5 8 4	49	−	17	=	32	÷	4	=	8	--	益(익)
①	1 2 3	5 4 4	49	−	13	=	36	÷	4	=	9	—	

㊷ 손혜원 春花逢霜(춘화봉상) (좋은 운)

봄 꽃이 서리를 만나다 (당선) ○○

⑨ 2016년 4월 5일, 20대 총선(서울 용산)에서 (새)황춘자 후보가 당선될까?

효별	변수	끼운수	태극		끼운수 계		나머지 수		4시		음양		괘명
⑥	1 2 3	5 8 8	49	−	21	=	28	÷	4	=	7	—	
⑤	1 2 3	5 8 4	49	−	17	=	32	÷	4	=	8	--	山(산)
④	1 2 3	5 4 8	49	−	17	=	32	÷	4	=	8	--	雷(뢰)
③	1 2 3	5 4 8	49	−	17	=	32	÷	4	=	8	--	
②	1 2 3	5 4 8	49	−	17	=	32	÷	4	=	8	--	頤(이)
①	1 2 3	5 8 8	49	−	21	=	28	÷	4	=	7	—	

㉗ 황춘자 渴者得水(갈자득수) (좋은 운)

목마른 사람이 물을 얻도다 (낙선) ×○

⑩ (더)진영 후보가 당선될까?

효별	변수	끼운수	태극		끼운수 계		나머지 수		4시		음양		괘명
⑥	1 2 3	9 8 4	49	−	21	=	28	÷	4	=	7	—	
⑤	1 2 3	5 8 4	49	−	17	=	32	÷	4	=	8	--	火(화)
④	1 2 3	9 8 4	49	−	21	=	28	÷	4	=	7	—	水(수)
③	1 2 3	5 8 4	49	−	17	=	32	÷	4	=	8	--	未(미)
②	1 2 3	5 4 4	49	−	13	=	36	÷	4	=	9	—	濟(제)
①	1 2 3	5 4 8	49	−	17	=	32	÷	4	=	8	--	

⑭ 진영 大旱甘雨(대한감우) (좋은 운)

큰 가뭄에 단비가 오도다 (당선) ○○

⑪ 2016년 4월 5일, 20대 총선(서울 송파을)에서 (무)김영순 후보가 당선될까?

효별	변수	끼운수	태극		끼운수 계		나머지 수		4시		음양		괘명
⑥	1 2 3	9 4 4	49	−	17	=	32	÷	4	=	8	--	
⑤	1 2 3	5 8 8	49	−	21	=	28	÷	4	=	7	—	澤(택)
④	1 2 3	5 8 8	49	−	21	=	28	÷	4	=	7	—	
③	1 2 3	9 4 8	49	−	21	=	28	÷	4	=	7	—	火(화)
②	1 2 3	5 4 8	49	−	17	=	32	÷	4	=	8	--	革(혁)
①	1 2 3	5 8 8	49	−	21	=	28	÷	4	=	7	—	

㊾ 김영순 兎入網中(토입망중) (좋은 운)

토끼가 그물 속에 들어가다 (당선) ○○

⑫ (더)최명길 후보가 당선될까?

효별	변수	끼운수	태극		끼운수 계		나머지 수		4시		음양		괘명
⑥	1 2 3	5 4 8	49	−	17	=	32	÷	4	=	8	--	
⑤	1 2 3	5 8 8	49	−	21	=	28	÷	4	=	7	—	澤(택)
④	1 2 3	9 8 4	49	−	21	=	28	÷	4	=	7	—	水(수)
③	1 2 3	9 4 4	49	−	17	=	32	÷	4	=	8	--	
②	1 2 3	5 8 8	49	−	21	=	28	÷	4	=	7	—	困(곤)
①	1 2 3	5 8 4	49	−	17	=	32	÷	4	=	8	--	

㊼ 최명길 白日入雲(백일입운) (나쁜 운)

쨍쨍한 햇볕이 구름 속에 들다 (낙선) ×○

⑬ 2016년 4월 5일, 20대 총선(경기 시흥갑)에서 (새)함진규 후보가 당선될까?

효별	변수	끼운수	태극		끼운수 계		나머지 수		4시		음양		괘명
⑥	1 2 3	5 4 8	49	−	17	=	32	÷	4	=	8	--	
⑤	1 2 3	5 4 8	49	−	17	=	32	÷	4	=	8	--	雷(뇌)
④	1 2 3	5 8 8	49	−	21	=	28	÷	4	=	7	—	水(수)
③	1 2 3	9 8 8	49	−	25	=	24	÷	4	=	6	--	
②	1 2 3	5 4 4	49	−	13	=	36	÷	4	=	9	—	解(해)
①	1 2 3	5 8 4	49	−	17	=	32	÷	4	=	8	--	

㊵ 함진규 飢者得食(기자득식) (좋은 운)

굶주린 자가 밥을 얻도다 (당선) ○○

⑭ 2016년 4월 5일, 20대 총선(세종시)에서 (새)박종준 후보가 당선될까?

⑥	1 2 3	9 4 4	49	−	17	=	32	÷	4	=	8	--	
⑤	1 2 3	5 8 4	49	−	17	=	32	÷	4	=	8	--	雷(뇌)
④	1 2 3	5 8 8	49	−	21	=	28	÷	4	=	7	—	
③	1 2 3	5 8 8	49	−	21	=	28	÷	4	=	7	—	風(풍)
②	1 2 3	5 8 8	49	−	21	=	28	÷	4	=	7	—	恒(항)
①	1 2 3	5 4 8	49	−	17	=	32	÷	4	=	8	--	

㉜ 박종준 馭(어)馬(마)無(무)鞭(편) (나쁜 운)

말을 부리는 데 채찍이 없다 (낙선) ×○

⑮ (무)이해찬 후보가 당선될까?

효별	변수	기운수	태극		기운수계		나머지수		4시		음양		괘명
⑥	1 2 3	5 8 4	49	−	17	=	32	÷	4	=	8	--	
⑤	1 2 3	5 8 4	49	−	17	=	32	÷	4	=	8	--	地(지)
④	1 2 3	5 8 4	49	−	17	=	32	÷	4	=	8	--	
③	1 2 3	5 4 8	49	−	17	=	32	÷	4	=	8	--	雷(뢰)
②	1 2 3	5 8 4	49	−	17	=	32	÷	4	=	8	--	復(복)
①	1 2 3	5 4 4	49	−	13	=	36	÷	4	=	9	○—	

㉔ 이해찬 魚(어)躍(약)雨(우)中(중) (좋은 운)

물고기가 빗속에서 뛰도다 (당선) ○○

⑯ (더)오영훈 후보가 당선될까?

효별	변수	끼운수	태극		끼운수 계		나머지 수		4시		음양		괘명
⑥	1 2 3	5 4 4	49	−	13	=	36	÷	4	=	9	◦—	
⑤	1 2 3	9 8 8	49	−	25	=	24	÷	4	=	6	◦--	火(화)
④	1 2 3	5 8 8	49	−	21	=	28	÷	4	=	7	—	地(지)
③	1 2 3	9 4 4	49	−	17	=	32	÷	4	=	8	--	
②	1 2 3	5 4 8	49	−	17	=	32	÷	4	=	8	--	晉(진)
①	1 2 3	5 4 4	49	−	13	=	36	÷	4	=	9	◦--	

㉟ 오영훈 冬蠅逢春(동승봉춘) (좋은 운)

겨울 파리가 봄을 만나다 (당선) ○○

⑰ 2016년 4월 8일, 20대 총선(서울 종로)에서 (새)오세훈 후보가 당선될까?

효별	변수	끼운수	태극		끼운수 계		나머지 수		4시		음양		괘명
⑥	1 2 3	5 4 8	49	−	17	=	32	÷	4	=	8	--	
⑤	1 2 3	9 8 4	49	−	21	=	28	÷	4	=	7	—	水(수)
④	1 2 3	5 8 4	49	−	17	=	32	÷	4	=	8	--	雷(뢰)
③	1 2 3	5 4 8	49	−	17	=	32	÷	4	=	8	--	
②	1 2 3	5 4 8	49	−	17	=	32	÷	4	=	8	--	屯(둔)
①	1 2 3	5 4 4	49	−	13	=	36	÷	4	=	9	◦—	

③ 오세훈 穉兒得乳(치아득유) (좋은 운)

어린아이가 젖을 얻도다 (낙선) ×○

⑱ (더)정세균 후보가 당선될까?

효별	변수	끼운수	태극		끼운수 계		나머지 수		4시		음양	괘명
⑥	1 2 3	5 4 8	49	−	17	=	32	÷	4	=	8	--	
⑤	1 2 3	9 8 4	49	−	21	=	28	÷	4	=	7	—	水(수)
④	1 2 3	5 8 4	49	−	17	=	32	÷	4	=	8	--	
③	1 2 3	9 4 4	49	−	17	=	32	÷	4	=	8	--	地(지)
②	1 2 3	5 8 4	49	−	17	=	32	÷	4	=	8	--	
①	1 2 3	5 4 8	49	−	17	=	32	÷	4	=	8	--	比(비)

⑧ 정세균 魚變成龍(어변성룡) (좋은 운)

물고기가 변하여 용이 되다 (당선) ○○

⑲ (더)김부겸 후보가 당선될까?

효별	변수	끼운수	태극		끼운수 계		나머지 수		4시		음양	괘명
⑥	1 2 3	5 8 8	49	−	21	=	28	÷	4	=	7	—	
⑤	1 2 3	9 4 8	49	−	21	=	28	÷	4	=	7	—	風(풍)
④	1 2 3	5 8 4	49	−	17	=	32	÷	4	=	8	--	火(화)
③	1 2 3	5 8 8	49	−	21	=	28	÷	4	=	7	—	家(가)
②	1 2 3	5 8 4	49	−	17	=	32	÷	4	=	8	--	人(인)
①	1 2 3	9 8 4	49	−	21	=	28	÷	4	=	7	—	

㊲ 김부겸 飢中得食(기중득식) (좋은 운)

굶주림 속에서 밥을 얻도다 (당선) ○○

⑳ (무)주호영 후보가 당선될까?

효별	변수	끼운수	태극		끼운수 계		나머지 수		4시		음양		괘명
⑥	1 2 3	5 8 8	49	−	21	=	28	÷	4	=	7	—	
⑤	1 2 3	5 4 8	49	−	17	=	32	÷	4	=	8	--	山(산)
④	1 2 3	5 8 4	49	−	17	=	32	÷	4	=	8	--	火(화)
③	1 2 3	5 4 4	49	−	13	=	36	÷	4	=	9	—	
②	1 2 3	5 8 4	49	−	17	=	32	÷	4	=	8	--	賁(비)
①	1 2 3	5 4 4	49	−	13	=	36	÷	4	=	9	—	

㉒ 주호영 明君得賢臣(명군득현신) (좋은 운)

명군이 어진 신하를 얻다 (당선) ○○

㉑ (국)안철수 후보가 당선될까?

효별	변수	끼운수	태극		끼운수 계		나머지 수		4시		음양		괘명
⑥	1 2 3	5 8 8	49	−	21	=	28	÷	4	=	7	—	
⑤	1 2 3	5 4 4	49	−	13	=	36	÷	4	=	9	—	風(풍)
④	1 2 3	5 8 4	49	−	17	=	32	÷	4	=	8	--	地(지)
③	1 2 3	5 4 8	49	−	17	=	32	÷	4	=	8	--	
②	1 2 3	5 8 4	49	−	17	=	32	÷	4	=	8	--	觀(관)
①	1 2 3	5 8 4	49	−	17	=	32	÷	4	=	8	--	

⑳ 안철수 龍得如意珠(용득여의주) (좋은 운)

용이 여의주를 얻도다 (당선) ○○

㉒ 2016년 4월 8일, 20대 총선(서울 양천을)에서 (새)김용태 후보가 당선될까?

⑥	1 2 3	5 8 8	49	− 21	= 28	÷ 4	= 7	—	
⑤	1 2 3	9 8 4	49	− 21	= 28	÷ 4	= 7	—	天(천)
④	1 2 3	5 4 4	49	− 13	= 36	÷ 4	= 9	◦—	
③	1 2 3	5 8 4	49	− 17	= 32	÷ 4	= 8	--	澤(택)
②	1 2 3	5 8 8	49	− 21	= 28	÷ 4	= 7	—	履(리)
①	1 2 3	9 8 4	49	− 21	= 28	÷ 4	= 7	—	

⑩ 김용태 良弓得矢(양궁득시) (좋은 운)

좋은 활이 화살을 얻도다 (당선) ○○

㉓ (더)신경민 후보가 당선될까?

효별	변수	끼운수	태극	끼운수 계	나머지 수	4시	음양		괘명
⑥	1 2 3	9 4 8	49	− 21	= 28	÷ 4	= 7	—	
⑤	1 2 3	5 8 8	49	− 21	= 28	÷ 4	= 7	—	天(천)
④	1 2 3	5 4 4	49	− 13	= 36	÷ 4	= 9	◦—	
③	1 2 3	5 8 4	49	− 17	= 32	÷ 4	= 8	--	澤(택)
②	1 2 3	5 4 4	49	− 13	= 36	÷ 4	= 9	◦—	履(리)
①	1 2 3	5 8 8	49	− 21	= 28	÷ 4	= 7	—	

⑩ 신경민 良弓得矢(양궁득시) (좋은 운)

좋은 활이 화살을 얻도다 (당선) ○○

㉔ (더)송기헌 후보가 당선될까?

효별	변수	끼운수	태극		끼운수 계		나머지 수		4시		음양		괘명
⑥	1 2 3	9 8 8	49	−	25	=	24	÷	4	=	6	○--	
⑤	1 2 3	5 4 4	49	−	13	=	36	÷	4	=	9	○—	澤(택)
④	1 2 3	5 4 4	49	−	13	=	36	÷	4	=	9	○—	天(천)
③	1 2 3	5 8 8	49	−	21	=	28	÷	4	=	7	—	
②	1 2 3	5 8 8	49	−	21	=	28	÷	4	=	7	—	夬(쾌)
①	1 2 3	9 8 4	49	−	21	=	28	÷	4	=	7	—	

㊸ 송기헌 龍昇青天(용승청천) (좋은 운)

용이 푸른 하늘에 오르다 (당선) ○○

㉕ 2016년 4월 9일, 20대 총선(전남 순천)에서 (새)이정현 후보가 당선될까?

⑥	1 2 3	5 8 4	49	−	17	=	32	÷	4	=	8	--	
⑤	1 2 3	5 8 8	49	−	21	=	28	÷	4	=	7	—	水(수)
④	1 2 3	5 4 8	49	−	17	=	32	÷	4	=	8	--	
③	1 2 3	9 8 8	49	−	25	=	24	÷	4	=	6	○--	雷(뢰)
②	1 2 3	5 4 4	49	−	13	=	36	÷	4	=	9	○—	屯(둔)
①	1 2 3	5 8 8	49	−	21	=	28	÷	4	=	7	—	

③ 이정현 穉兒得乳(치아득유) (좋은 운)

어린아이가 젖을 얻도다 (당선) ○○

㉖ (더)노관규 후보가 당선될까?

효별	변수	끼운수	태극		끼운수 계		나머지 수		4시		음양		괘명
⑥	1 2 3	5 8 4	49	−	17	=	32	÷	4	=	8	--	
⑤	1 2 3	5 4 8	49	−	17	=	32	÷	4	=	8	--	雷(뇌)
④	1 2 3	5 8 8	49	−	21	=	28	÷	4	=	7	—	天(천)
③	1 2 3	5 8 8	49	−	21	=	28	÷	4	=	7	—	大(대)
②	1 2 3	5 4 4	49	−	13	=	36	÷	4	=	9	◦—	壯(장)
①	1 2 3	5 8 8	49	−	21	=	28	÷	4	=	7	—	

㉞ 노관규 人無手足(인무수족) (나쁜 운)

사람이 형제가 없도다 (낙선) ×○

㉗ 2016년 4월 9일, 20대 총선(광주 광산을)에서 (더)이용섭 후보가 당선될까?

효별	변수	끼운수	태극		끼운수 계		나머지 수		4시		음양		괘명
⑥	1 2 3	5 4 4	49	−	13	=	36	÷	4	=	9	—	
⑤	1 2 3	5 8 8	49	−	21	=	28	÷	4	=	7	—	風(풍)
④	1 2 3	5 8 4	49	−	17	=	32	÷	4	=	8	--	
③	1 2 3	5 4 8	49	−	17	=	32	÷	4	=	8	--	水(수)
②	1 2 3	9 4 8	49	−	21	=	28	÷	4	=	7	—	渙(환)
①	1 2 3	5 8 4	49	−	17	=	32	÷	4	=	8	--	

㊾ 이용섭 飛雉鷹逢(비치응봉) (나쁜 운)

나는 꿩이 매를 만나다 (낙선) ×○

㉘ (국)권은희 후보가 당선될까?

효별	변수	끼운수	태극		끼운수 계		나머지 수		4시		음양		괘명
⑥	1 2 3	5 4 8	49	−	17	=	32	÷	4	=	8	--	
⑤	1 2 3	5 4 8	49	−	17	=	32	÷	4	=	8	--	지 地
④	1 2 3	5 4 8	49	−	17	=	32	÷	4	=	8	--	화 火
③	1 2 3	5 4 4	49	−	13	=	36	÷	4	=	9	∘—	명 明
②	1 2 3	5 4 8	49	−	17	=	32	÷	4	=	8	--	이 夷
①	1 2 3	5 8 8	49	−	21	=	28	÷	4	=	7	—	

㊱ 권은희 將軍勝戰(장군승전) (좋은 운)

장군이 싸움에서 이기다 (당선) ○○

㉙ 2016년 4월 9일, 20대 총선(충남 공주·부여·청양)에서 (새)정진석 후보가 당선될까?

⑥	1 2 3	5 8 8	49	−	21	=	28	÷	4	=	7	—	
⑤	1 2 3	5 4 4	49	−	13	=	36	÷	4	=	9	∘—	건 乾
④	1 2 3	5 4 4	49	−	13	=	36	÷	4	=	9	∘—	
③	1 2 3	5 4 4	49	−	13	=	36	÷	4	=	9	∘—	위 爲
②	1 2 3	9 8 4	49	−	21	=	28	÷	4	=	7	—	천 天
①	1 2 3	5 4 4	49	−	13	=	36	÷	4	=	9	∘—	

① 정진석 霖雨日出(임우일출) (좋은 운)

오랜 장마에 해가 뜨다 (당선) ○○

(4) 신공항 입지선정 사례

① 2016년 6월 21일 신공항 입지선정 부산 가덕으로 될까?

효별	변수	끼운수	태극	끼운수 계	나머지 수	4시	음양		괘명
⑥	1 2 3	5 8 4	49	− 32	= 32	÷ 4	= 8	--	
⑤	1 2 3	5 4 4	49	− 13	= 36	÷ 4	= 9	∘—	澤(택)
④	1 2 3	5 4 4	49	− 13	= 36	÷ 4	= 9	∘—	
③	1 2 3	9 4 8	49	− 21	= 28	÷ 4	= 7	—	山(산)
②	1 2 3	5 8 4	49	− 17	= 32	÷ 4	= 8	--	咸(함)
①	1 2 3	5 8 4	49	− 17	= 32	÷ 4	= 8	--	

㉛ 부산 가덕 草木無根(초목무근) (나쁜 운)

초목에 뿌리가 없도다 ×○

② 2016년 6월 21일 신공항 입지선정 경남 밀양으로 될까?

효별	변수	끼운수	태극	끼운수 계	나머지 수	4시	음양		괘명
⑥	1 2 3	5 8 4	49	− 17	= 32	÷ 4	= 8	--	
⑤	1 2 3	5 4 8	49	− 17	= 32	÷ 4	= 8	--	雷(뇌)
④	1 2 3	9 4 8	49	− 21	= 28	÷ 4	= 7	—	
③	1 2 3	5 4 4	49	− 13	= 36	÷ 4	= 9	∘—	火(화)
②	1 2 3	5 8 4	49	− 17	= 32	÷ 4	= 8	--	豐(풍)
①	1 2 3	5 4 4	49	− 13	= 36	÷ 4	= 9	∘—	

㊺ 경남 밀양 龍無如意珠(용무여의주) (나쁜 운)

용에 여의주가 없도다 ×○

③ 2016년 6월 23일 영국이 국민투표에서 EU에 잔류할까?

효별	변수	끼운수	태극	끼운수 계	나머지 수	4시	음양		괘명
⑥	1 2 3	5 4 8	49	− 17	= 32	÷ 4	= 8	--	水(수)
⑤	1 2 3	5 4 4	49	− 13	= 36	÷ 4	= 9	○—	
④	1 2 3	5 4 8	49	− 17	= 32	÷ 4	= 8	--	山(산)
③	1 2 3	9 8 4	49	− 21	= 28	÷ 4	= 7	—	
②	1 2 3	5 8 4	49	− 17	= 32	÷ 4	= 8	--	蹇(건)
①	1 2 3	5 8 8	49	− 17	= 32	÷ 4	= 8	--	

㊴ 영국 국민투표 飛鶴中矢(비학중시) (나쁜 운)

나는 학이 화살에 맞도다 (탈퇴) ×○

2016년 본서법 예측집계표

예측구분	총수	맞은수	틀린수	맞은율 %
알파고와 이세돌	1	1		100
알파고와 이세돌	1		1	0
김무성 대표와 옥새투쟁	1	1		100
유승민 공천	1	1		100
4·19총선	29	27	2	93
신공항 부산 가덕 될까	1	1		100
신공항 경남 밀양 될까	1	1		100
영국의 EU 잔류 여부	1	1		100
합 계	36	33	3	91

※ 두 사람 중 좋은 운이 상충할 때는 판단문구의 좋고 나쁨에 따라 상대적으로 ○× 표시하였다.

(5) 본서법 절차 준용의 동기와 효과

① 본서법 절차 준용의 동기

• 2016년 3월 15일 알파고와 이세돌 9단의 4차 본서법 대국에서 이세돌 9단이 합치판정승을 거두어 처음으로 1승을 거두었다.

• 2016년 3월 17일 이세돌 9단과 알파고의 5차 본서법 대국에서 이세돌 9단이 합치판정패를 당해 애석함을 금치 못하였으나 다행한 것은 예측이 맞았다는 사실이다. 생각건대 알파고는 인공지능으로 형성되어 세계적 유명기보 수천 종을 컴퓨터에 입력하여 관리하기 때문에 훈수바둑의 극치라고 할 수 있다. 이런 와중에서 이세돌 9단이 5전 1승했다는 사실은 길이 청사에 남을 만한 것이다.

• 2016년 3월 20일 김무성 대표는 새누리당 공간위원회 이한구 위원장의 일방적인 후보공천 시도에 제동을 걸기 위해 소위 옥새파동을 일으켰는데 이 예측은 합치되어 결국 새누리당 최고위원회에서 유승민·이재오 두 의원을 무공천지구로 확정 후 공천시한 2시간 전에 공천명부에 직인을 찍었다.

• 2016년 3월 20일에 대구동(을)의 유승민 후보 공천여부를 예측하였는데 합치되어 무공천지구로 당 최고위에서 결정되었다. 그것은 오로지 이반하는 민심을 붙들고자 하는 애당 충정에서였다. 이것이 단순한 척사법으로는 미흡하기 때문에 신비성을 간직한 본서법 절차를 준용하게 된 이유이다.

• 2016년 6월 21일에 부산 가덕도와 경남 밀양의 신공항 입지선정을 예측하였는데 다 같이 불가선정으로 합치되어 '제3의 방안'으로 '기존 김포공항'을 확장하는 쪽으로 결정되어 새삼 정서법의 위력을 보게 되었다.

② 본서법 절차 준용의 효과

본서법 절차에 의한 예측기량이 수준급에 도달한 경우에는 다음의 효과를 올릴 수 있다.

• 척사법이 윷을 던지는 방법으로 단순하고 불규칙한데 비하여 본서법은 주역이법으로 규칙적이고 장애가 없는 점.

• 척사법은 단순한 투척행위인데 반해 본서법은 정밀한 계산행위로 신비성이 내재하고 있다는 점.

• 본서법은 척사법에 비해 예측에 대한 합치비율이 높다는 사실이다. 일단의 예로 이세돌 9단과 알파고의 세기적 바둑대결, 유승민 후보의 공천경쟁, 김무성 대표의 옥새투쟁 등 악재로 인하여 새누리당 김무성 대표의 차기대선후보 서열이 떨어진데 이어 당초 종로에서 당선이 유력시되던 오세훈 후보가 예상을 깨고 낙마한 사실 등이 이를 증명하고도 남음이 있다는 점.

• 본서법 절차로 난제를 예측하여 국가안위와 민생문제 등 해결에 기여할 수 있다는 점.

• 청소년 중 특출한 영재들을 발굴해 예측기법을 전수하여 연마시킨다면 후일 나라를 지키는 '훌륭한 정보요원들을 양산해낼 수 있으리라'는 점 등의 기대 효과가 있다.

• 다만 고령자에게는 과도한 정력소모로 뇌신경의 손상 우려로 유해하다.

4. 운명과 인연

운명이란 사람에게 다가오는 인력으로는 어찌할 수 없는 포괄적인 길흉화복을 말하고 인연이란 사람끼리 서로 알게 되는 우연한 기회를 말하는 것으로 인간처세에 나타나는 감각 현상이다.

따라서 이를 구체적으로 이해하기 위하여 다음과 같이 시대별로 실례를 들어 운명과 인연의 발생과 이동 그리고 응보관계 등을 단편적이나마 고찰하고자 한다.

(1) 내가 겪은 운명과 인연 사례

(가) 유년시대

① 1929년 5월 어머님을 따라 불공하러 가다

나는 세 살 때 어머님 등에 업혀 계룡산 신원사로 불공하러 떠났다. 어머님은 명문가인 안동김씨로 천성이 온화하시고 명랑하시어 자손의 보육에 남달리 힘쓰셨다. 당시 의약품이 태부족한 실정이여서 매년 마마손님(천연두)이 한번 지나가면 동네의 많은 아이들이 속수무책으로 죽어가 조장(鳥葬, 아이 시신을 나무 꼭대기에 매달아 새들이 쪼아 먹게 하는 장례)으로 처리하는 처참한 악습도 있었지만 우리 집은 어머님의 극진한 보살핌 때문에 6형제 모두 안전하였으니 어찌 자비롭다 하지 않으리오.

나는 후일 어머님의 공적을 추모하면서 다음과 같은 한시 한 수를 읊었다.

모 부 은 정
母負恩情(어머니가 업어주던 은정)

모 부 은 정 향 사 행
母負恩情向寺行하니 어머님이 은정으로 나를 업고 절로 가시니

유 기 무 양 자 신 강
惟祈無恙子身康이라 오직 병 없는 아들의 몸 편안하기를 빌었도다.

청 운 타 일 초 연 입
靑雲他日超然立하면 훗날 벼슬길에 올라 출세하게 되면

주 발 방 래 자 득 방
朱紱方來自得芳하리라 붉은 인끈 띠고 와서 이름을 날리리라.

② 1933년 3월 빨간 두루마기 입고 조모님을 수행하다

조모님은 당시 세도가였던 평양조씨로 지방현감의 따님으로 나의 부모님이신 양자 내외분의 지극한 효심으로 노후를 편안하게 보내시게 되었다. 또 한 해에 한 번씩 가까운 면내 친지를 방문함으로써 정리의 순환을 도모하시고 가문의 단합을 넓히는데 남다른 공헌을 하시었다.

그 순환코스는 지경리 한순태 한약방, 또 양철식 삼형제 집, 끝으로 학당리 재종질 삼형제 집으로 잡았다. 이를 유형별로 보면 한순태 집은 당시 상민의 신분이었지만 사람됨을 가상하게 보신 것 같고, 양철식 삼형제는 고모님(양철식의 어머니)의 근린을 위한 것 같고, 학당리 삼형제는 생가의 가까운 정리로 다니신 것 같았다. 조모님이 출행하시면 어머님은 나에게 빨간 두루마기를 언제나 입혀주셨다.

조모님은 명문가 출신답게 예의바르고 학식이 높으시고 인자한 분이셨다. 단지 자녀를 생산하지 못한 것이 한 점의 흠이었지만 그 외는 나무랄데 없는 희대의 여장부셨다. 또 조모님은 나를 데리고 다니면서 여러 가지 안목을 넓혀주시고 어른들에게 절하는 습성을 길러주셨다. 나의 그 습성은 90이 넘은 오늘에도 두 살 위인 형님에게 이어지고 있다.

(나) 소년시대

③ 1936년 3월 상월심상소학교에 입학하다

우리 가문에서는 내가 처음으로 상월심상소학교에 입학하였다. 옛날 같으면 한문서당에 다니는 것이 상례였지만 이제는 개화시대에 접어들어 신지식을 배워야 했기 때문에 한결 희망적이었다. 띠울에서 볏바위 대우리 학당리를 거치는 약 4km의 거리였지만 아홉 살 나이에 발걸음이 비호 같아 등하교에는 아무런 지장이 없었다. 하루는 학교 체조시간에 동아줄을 당기는 청백전이 있었는데 마침 나의 청팀이 이겨 하교 후 조모님께 자랑하였더니 매우 기뻐하시고 격려해주시던 모습이 지금도 생생하다.

④ 1937년 7월 조선의 영웅을 꿈꾸다

우리나라를 합병한 후 지나사변(중·일전쟁)을 일으킨 일제는 강성을 더하여가고 있었다. 우리의 소중한 '朴'씨 성을 구니다께(國武)로 바꾸는 창씨개명이 그것이었다. 나는 분개해서 이름을 아사오(朝雄)로 개명하면서 장차 조선의 영웅이 되겠다고 다짐했다. 둘째 형님은 이를 보고 피식 웃으셨다.

⑤ 1938년 6월 조모님의 목욕하시는 모습이 마지막 장면이다

무더운 어느 날 밖에서 놀다 집에 돌아오니 안마당 외양간 앞쪽에서 큰 대야에 찬물을 가득 붓고 큰형수님이 조모님을 목욕시켜드리는 장면을 보았는데 그 이후는 전혀 기억이 나지 않는다.

조모님은 우리 가문에 들어오셔서 부군인 조부님을 도와 국사봉 아래 선산과 집터 앞의 논 여섯 마지기를 사들여 이를 바탕으로 해마다 재산을 늘려서 후손들의 생활터전을 마련하신 훌륭한 분이시다.

⑥ 1938년 8월 기이한 돌을 줍다

어느 날 뒷마당에서 아침 햇살에 반짝이는 기이한 돌 한 개를 주워서 살펴보니 영락없이 조선반도 모양과 닮았다. 하도 신기하고 반가워 물에 씻고 연하게 색칠해보니 더욱 광채가 났다. 여러 날 애지중지하다가 어느 날 찾아보니 감쪽같이 없어져 서운함이 컸다. 나는 생각하기를 '이 돌은 조선반도로 지금은 일제치하라 잠시 몸을 숨겼지만 언젠가는 돌아오리라'고 자위했다.

⑦ 1939년 3월 4학년 수료식에서 최우수상을 받다

국사봉 기슭 산골짜기에서 그동안 우물안 개구리처럼 놀다가 모처럼 확 트인 신충리 소재 상월심상소학교에 입학하게 되었다. 입학 후 처음 1학년 때는 다소 불안정했지만 2학년 때부터는 점차 진취의 기상이 나타나기 시작했다. 그것은 첫째, 오우에(大上) 교장 선생님 덕이었다. 물론 당시는 몰랐지만 90년이 지난 현재에 와서는 어렴풋이 짚이는 바가 있다. 교장 선생님은 국어 시간에 강의하셨는데 가끔씩 나를 호명하여 당일 배울 페이지를 낭독하게 하거나 또 전날 제출한 습작물을 교실 뒤편 게시판에 붙이는데 빠짐없이 내 작품을 붙였으며, 또 어느 때는 교장 관사에 나를 불러 오무라이스를 내놓기도 했다. 지금 돌이켜보건대 이는 분명 어린 나를 자극해 학력증진을 유도하고자 하는 시도이자 자애심의 발로라고 생각해 존경의 마음을 금할 수 없다.

그리고 그해 2월에 전교생이 모여 기원절 노래를 예행연습할 때 음악 선생님이 '이 노래가사를 외울 수 있는 사람은 손을 들어보라' 말씀하셨는데 아무도 대답이 없어 마지막으로 내가 나가서 암송을 했다. 그러나 어쩐지 어린 마음이지만 쑥쓰러웠다. 상급생에게는 미안한 생각이 들었기 때문이었다.

두 번째는 박봉규(창씨명 가스라이) 담임선생님이시다. 사범학교를 갓 나오신 수재형 선생님으로 나를 보자 십년지기처럼 대해주셔서 학력은 급속히 신장되어 4학년 수료식에서는 최우수상을 차지하기에 이르렀다.

그러나 선생님이 전근가신 후 좀처럼 뵈올 길이 없다가 내 나이 60에 이르러 논산에서 동기생 회합시 박 선생님 댁 방문을 결의하였으나 막상 출발 전 선생님 댁에 전화를 걸었더니 며칠 전에 작고하셨다는 비보를 듣고 결국 친구들의 만류로 방문계획은 미수에 그치고 말았다. 사모님이라도 만나 뵈었으면 좋았을 텐데 그러지도 못하였으니 구천 하늘에서 어떻게 선생님을 대할 것인지 참으로 죄송한 마음 금할 수 없었다.

⑧ 1941년 1월 중학교 입학준비를 포기하다

당시 6학년 졸업반을 담임한 이시다 일본인 선생님의 모습은 가냘프고 인자하며 재사형이셨다. 처음 배출하는 졸업반에서 만약 일류 중학교에 합격한다면 학교의 명예는 물론 인근 학교에 미치는 영향이 매우 높았을 것이다. 이러한 이치를 모를 리 없는 이시다 선생님은 인근 학부형 사랑방 한 칸을 빌려 10명 이내의 입학 지원자를 모집해 입시요령을 설명하고 나아가 출제경향과 응답요령 등을 자세하게 가르칠 예정이었다.

그러나 평소 학력이 나와 비등한 대명리 볏바위 박임종은 가정 형편상 불응하였는데 같은 처지인 나는 한번 해보자는 생각에서 무의식적으로 응해 2~3일간의 합류 테스트를 달콤하게 받았다. 그런데 며칠 후 집에 돌아갔을 때 아버지께서 "얘야, 너 중학 입시준비를 한다는데 너도 알다시피 우리 집 형편으로는 어려우니 단념하는 것이 좋겠다"고 말씀하시기에 항변할 수도 없어서 "네, 그리하겠습니다"라고 대답한 후 물러났다.

다음날 학교에 가서 담임 선생님께 자초지종을 말씀드렸더니 "큰일이다. 너만 믿었는데 할 수 없구나"라고 말씀하시면서 매우 낙담하셨다. 이렇게 해서 며칠 동안의 도원의 달콤한 꿈은 끝내 접고 말았다.

⑨ 1941년 2월 철봉이여 안녕!

나는 소학교 1학년 때부터 6학년 졸업 때까지 휴식시간이면 늘 철봉과 더불어 친해왔다. 누가 시켜서도 아니고 무슨 기대효과가 있어서도 아니다. 오직 철봉이 좋아서 한 것뿐이었다. 원래 약골이었던 나는 철봉 때문에 기력을 회복했고 강적 또래와 경쟁할 수 있는 강인한 체력을 연마할 수 있었다. 후일 나는 이 철봉의 힘을 바탕으로 고해라는 사회에 진출한 후 숱한 역경을 극복하고 승리를 쟁취할 수 있었다. 며칠 후면 졸업이다. 나는 철봉을 붙들고 "철봉아! 그동안 신세가 많았구나. 내가 떠난 후에도 계속 성원해다오. 혹 내가 백발이 성성해져서 다시 돌아와도 너는 나를 반가이 맞이하겠지"라고 읊조린 후 자리를 떠났다.

⑩ 1942년 3월 논산 농업실수학교의 문을 두드리다

1942년 2월 하순경 담임이신 이시다 선생님은 내가 무척 안쓰러웠던지 나를 보고 "논산에 1년제 농업실수학교가 있는데 응해볼 의향이 있는가"라고 말하시기에 즉석에서 "예" 하고 대답하여 응하니 이것이 나의 제2의 인생을 탄생키는 계기가 되었음을 누가 알았으랴!

며칠 후 자원 입교자 4명이 논산에 있는 학교에 찾아가 면접 보러 왔다고 신고하니 대기하고 있던 스가하라 일본인 교장과 다가다 한인 선생님, 그중에서 다가다 선생님이 "너의 학교에서 여러 번 자원 입교했다가 야반도주하여 모두 퇴학조치당했는데 금년에는 또 무슨 낯으로 찾아왔는가" 라고 힐난조로 말하기에 내가 즉석에서 일어나 "실은 그러한 오명을 씻기 위해 이렇게 온 것입니다"라고 의연하게 대답하자 두 분 선생님은 서로 멍하게 쳐다보면서 무엇인가 속삭이는 모양새였다. 이렇게 가닥을 잡아 3월 초에 입학식을 올린 후 다음날부터 그야말로 피눈물나는 농업실습에 들어갔던 것이다. 다가다 선생님은 당시 논산소학교 고등과 주임으로 있으면서 겸임 중이었는데 내심 이분의 훈도를 바랐으나 아쉽게도 다른 중학교로 전근 가시고 대신 일본인 호네다 선생님이 새로 부임하였다. 이분도 다정한 분으로 우리들에게 교양강좌를 꽤 하셨으나 스가하라 교장의 강성에 뜻을 이루지 못하고 단순한 노동자 소년으로 전락되고 말았다.

학생 수는 대략 30명 정도로 4개의 기숙사에 나누어 7~8명씩 단칸방에 옹기종기 모여 새우잠을 자는 궁색한 처지였고, 농장 실습지는 논이 30마지기, 밭이 10마지기 정도였으나 식량증산의 수도작에만 주안점을 두었다. 아침 7시가 되면 기상나팔에 따라 전원 일어나 조그만 교정에 모여 28세 되는 도시가와 학생회장의 선창하에 황국신민의 서사를 제창한 다음 교장선생 훈화 후 점호와 간단한 체조를 실시한 다음에 각자 해산했다. 그 후 기숙사 청소 후 세면을 한 다음에 식사를 하고 잠시 휴식했다. 식사의 질은 중노동에 걸맞게 양호한 편이었다.

아침 9시가 되면 각기 지정한 실습지에 나가 일을 하는데 전작인 경우는 전작 시간표에 따르고, 수도작인 경우는 수도작 시간표에 따르되 한 치의 여유도 없었다. 간혹 작업을 못할 정도로 비가 오면 교실에 모여 호네다 선생으로부터 인생 강의를 들었는데 이때야말로 십년 대한에 비를 만난격으로 무한한 흥겨움을 만끽할 수 있었다.

저녁 10시가 되면 취침나팔 소리에 따라 자기 기숙사에서 점호를 받은 후 각기 꿈나라로 들어갔다. 이와 같이 애증의 세월은 주마등처럼 지나가 어느덧 7월이 다가왔다. 어느 일요일 점심때쯤 어머님께서 면회차 오셨다기에 급히 운동장으로 내려가보니 여러 명의 학부모님들이 모여 계셨다. 여기저기 둘러보니 어머님께서 저쪽에서 반백의 머리를 매만지고 계신 것을 보고 달려가 절을 올리고 조부님과 아버님의 안부를 물었다. 어머님은 나의 손을 잡고 머리를 쓰다듬으시면서 "얘야, 그동안 얼마나 고생했니. 말은 차차 하기로 하고 우선 먼저 가지고 온 음식을 차근차근 먹고 기운을 차려라"라고 말씀하셨다.

나는 집에서 여기까지 30리는 넘었을 터인데 어머님께서 음식물 광주리를 머리에 이고 오시느라 얼마나 노고가 크셨을까를 안타깝게 생각하면서도 시장기가 들어 여러 가지 맛있는 음식을 배불리 먹으면서 지나간 이야기를 나누었다. 이때는 미·일 간 전쟁이 치열한 때였다. 스가하라 교장도 정이 있는 사람인지라 혹시라도 중노동을 하다가 불의의 사고라도 날까 무척 걱정되었을 것이다. 그래서 궁여지책으로 일요일 학부모 면회를 가정통신으로 권유한 것 같았다. 식사 후 한참 후에 어머님은 아쉬운 걸음걸이로 길을 떠나셨다. 나는 어머님의 모습이 안 보일 때까지 하염없이 전송하고 기숙사인 후생사로 돌아왔다.

8월은 농가에서 보면 농한기다. 학교 당국도 이 시기를 이용해 학생들에게 6일간의 임시휴가를 주었다. 학생들은 뛸 듯이 기뻐하면서 각자의 집으로 돌아갔다. 나도 단숨에 도보로 상월소학교를 지나 학당리·대촌리를 거쳐 대명리 볏바위에 도착했을 때 욕심 많기로 이름난 박재하 어른의 집뜰에서 부르는 소리가 나기에 달려가 보니 그분은 박재하 씨의 동생으로 나의 3년 선배이며 항렬로 보아서는 같은 항렬의 그다지 멀지 않는 친척 형님이셨다. 그 형님은 대전에서 5년제 중학교에 다니는 위풍이 당당

한 분으로 마침 중학생복 차림의 아이가 띠울 쪽으로 가는 것을 보고 호기심이 생겨 부른 것 같았다. 잠시 담소 후 헤어졌지만 나는 내 처지가 너무 가련해 쓸쓸히 웃었다. 하지만 뒷날의 이야기지만 내가 서울시 교육청 사무관으로 임관했을 때 그 형님은 충남 강경상업학교 사무관 직무를 대행하는 행정주사로 있으면서 시험준비를 하려고 서울에 있는 따님 집에 와서 학원에 다닐 때였다. 어떻게 이런 일이 있는가. 나는 새옹지마를 생각하면서 감탄했다. 그 후 형님을 위해 수험준비에 대한 요령을 알려주어 그다음 해에 다행히 합격되어 강경상고 사무관으로 정식 부임했지만 그러나 운명은 얄궂어 1년 후에 불귀의 객이 되었으니 어찌 하늘이 이다지도 가혹하신가.

9월 농번기에 접어들어 추수의 계절이 점차 다가왔다. 우선 논물을 빼고 벼에 해로운 잡초인 피를 뽑은 다음에 10월부터는 본격적으로 벼를 낫으로 베어나갔다. 그다음에는 탈곡기를 힘차게 밟아 가마니에 넣어 포장하면 만사는 끝나고 내년 1월이면 졸업을 하게 된다. 그리되면 일체의 고생에서 해방되고 운명의 신이 인도하는 대로 따라가 희망찬 새로운 인생을 힘차게 헤쳐나갈 것이다. 그리하여 성의와 노력을 다해 사회의 한 구성원이 되자. 그러기 위해서는 우리가 1년 동안 피땀으로 이룩한 '극기심'을 소중히 간직해 '세파를 헤쳐나가자'고 다짐하였다.

⑪ 1943년 6월 20일 조부님께서 평남 순천 군청에 취직시켜 주시다

1943년 6월 초에 난데없이 아랫동네인 대명리 1구의 박참봉 댁에서 나에 대한 취직 소식을 전해왔다. 그 내용은 내가 1월 하순에 논산 농업실수학교를 갓 졸업하고 집에 와 있을 때였다. 조부님께서 평소 공부 잘하기로 이름난 손자의 장래를 터주기 위한 자애로운 마음에서 족질인 박참

봉에게 각별히 취직을 청하셨고, 또 박참봉의 큰아들인 당시 평안남도 산업부장 겸 참여관이던 박재홍 형님이 귀향했을 때도 거듭 간청하신 것이 이번에 결실을 맺었던 것이다.

집안에서 한 사람의 인재를 내려면 오랜 세월이 걸린다. 그런데 조부님께서는 타고난 통찰력으로 소원을 빠르게 이루어주셨으니 참으로 뛰어난 선각자이셨다.

나는 절호의 기회를 놓칠세라 좋아하였고 부모님도 집안에 공무원이 나오는 것을 내심 반기시어 곧 출행준비를 서둘렀다. 당시의 내 나이는 16살로 아직 어린티가 날 때였다. 문제는 원행에 입을 옷이었다. 장터에 가서 양복을 산다는 것은 턱도 없어 어머님께서 고안하신 것이 양복을 본뜬 무명옷이었다. 모양새는 수통스러웠지만 일반 바지저고리보다는 훨씬 좋게 보였다. 이렇게 해서 참봉 댁에서 건네받은 평양 형님 댁의 주소를 주머니 속에 간직한 채 조부님과 부모님께 절을 올리고 기쁜 마음으로 아무런 미련 없이 연산역에 도착했다. 약 75년 전 일이라 눈앞이 가물거릴 뿐 도무지 기억이 잘 떠오르지 않는다. 다만 희미하게나마 연산역에서 경의선행 보통열차를 타고 서울을 거처 평양에 도착한 후 지도를 펴보면서 형님 댁에 들어갔다는 것만 떠오를 뿐이다.

형님 댁에 들어서니 아담한 서너 칸짜리 기와집으로 소박한 생활 모습이 역력히 엿보였다. 마침 형님께서 퇴청하셔서 곧 인사를 드리고 작은 형수님께도 인사를 드렸다. 내오신 밥상을 보니 완연하게 촌살림 식탁과 흡사했다. 형수님은 후취로 자녀 양육과 부군 보필에 진력하셨지만 일제 말엽에 영문도 모르게 행방불명이 되어 백방 탐색했지만 도저히 찾을 길이 없어 형님을 슬프게 하였으니 참으로 애석한 일이었다.

다음날 아침식사 후 형님이 말씀하시는 대로 평양역에서 열차를 타고 순천으로 가 군청을 찾아갔다. 정종원 군수님을 찾아 예를 올리니 '알았다'고 하시며 일본인 내무과장에게 무언가 지시를 내렸다. 내무과장은 나에게 이력서를 쓰게 한 후 그것을 가지고 산업과 김농산 주임에게 데리고 가 군농회 임시지도원으로 임명했다. 그날부터 김농산 주임 앞의 농회기사들 책상 끝머리에서 난생 처음으로 직원행세를 하게 되었다. 이 얼마나 놀라운 장면이며 행운인가를 자문자답하면서 새삼 조부님의 선견지명과 부모님의 끝없는 돌보심 그리고 인연으로 맺어지는 운명의 신에게 거듭 감사의 뜻을 올렸다.

그날 하숙집을 정하고 다음날부터 정상적으로 출근하면서 상급자들로부터 농업지도원의 사명과 역할을 배우고 인근 자산면 부근에 현장실습처를 정하고 각 부락별로 순회하면서 지시업무를 처리하여 점차 시야를 넓혀나갔다. 그런데 1년 후에 비교적 한산한 미곡창고에 보임변경되었는데, 평양 박재홍 형님이 이 소식을 들으시고 내무과 근무를 요청하시어 곧바로 학교비 직원(서기)으로 보직발령되었다. 학교비란 지금의 교육비 특별회계로 학사를 지원하는 부서였으며 후일 내가 충남 교육청이나 서울시 교육청에서 반평생을 봉사하는 인연을 맺는 시초가 되었다. 이와 같이 운명이란 부단히 어어지고 있었다. 나의 사무적 감각, 문장이나 필체도 두드러지게 향상되고 있었다.

한편 조부님(휘 박종만)은 나에게 훈도하시기를 사람은 '신언서판(身言書判)'이 훌륭해야 한다고 늘 말씀하셨다. 실로 조부님은 내 운명의 개척자이셨다.

나는 후일 조부님께서 우리 가문을 일으키신 공적을 기리기 위해 다음과 같은 한시 한 수를 읊었다. 그것은 나의 평생의 길을 열어주신 고마움 때문에서였다.

불학유경 축취전 치산전답 일우신
不學唯耕 畜聚專하니 治山田沓 日尤新이라.

국사봉녹 선영재 점가중손 수갈전
國師峯麓에 先塋在하니 漸加衆孫에 竪碣傳이라.

배우지 않으시고 오직 농사짓고 저축하는데 전념하시니
산과 전답이 날로 새로워지도다.
국사봉 기슭에 선산이 있으니
점차 자손들이 늘어나 높은 빗돌을 세우리로다.

⑫ 1944년 10월 별안간 결혼 중매 소식이 날아오다

10월 어느 날 고향에서 편지 한 통이 왔다. 뜯어보니 그 내용은 아랫집에 사는 공홍렬의 형수님이 상월면 신충리에서 시집오셨는데 마침 그 친정 마을에 좋은 집안의 규수가 있어 나를 한번 보고 싶다는 내용이었다.

이때는 미·일 간의 치열한 전쟁 와중에서 열세에 몰린 일본이 출정장병들의 사기를 높이기 위해 천인공노하게도 여자정신대, 즉 여자위안부를 차출해 일선에 보낸다는 소문이 꼬리에 꼬리를 물고 전국에 퍼져가고 있었다. 따라서 과년한 딸을 가진 집에서는 팔·다리 장애인이거나 나이 먹은 노총각을 가리지 않고 우선 딸자식의 위해부터 막아보자는 생각으로 서로 다투어 신랑감을 구하고 있었다.

나는 생각하기를 어차피 결혼 적령기에 이르렀으니 부모님 말씀대로 '한번 만나보는 것도 좋겠다' 다만 '아는 규수였으면 좋겠는데'를 되새기며 며칠간의 휴가를 얻어 기차를 타고 그리운 고향 집에 도착했다. 다음 날 오전에 신충리 규수댁의 숙부님이 오셔서 아버님과 담소를 나누고 계셨다. 두 분은 다같이 지면의 처지셨다. 숙부님은 나를 보고

"신랑은 지금 어디에 있는가?"

"예, 저는 지금 순천 군청 내무과에서 일하고 있습니다."

"그러면 신랑은 장차 어떻게 생활할 것인가?"

"예, 저는 공직에서 봉사하겠습니다."

라고 대답하자 숙부님은 무릎을 치며 아버님을 향해

"됐습니다, 저는 흡족하니 돌아가 형수님께 그대로 고하겠습니다."

라고 말한 후 신충리로 돌아가셨다. 이분이 바로 후일 처숙부인 이영렬 씨였다.

다음날 근무지인 순천으로 기차를 타고 되돌아왔다.

⑬ 1945년 4월 평양의 황민도장에 자원입소해 끝없는 수련을 계속하다

집에서 돌아온 지 며칠 후에 청내 공기를 살펴보니 무엇인가 무거운 기류가 감돌고 있었다. 내용을 알아보니 금년에 평남 황민도장에 입소시킬 직원 1명을 차출받았는데 누구를 추천할지 난감해 결론을 내리지 못하고 있다는 것이었다.

그곳은 노동력을 첫째로 삼는 위험한 토목 공사장으로 힘센 청년이라도 지탱하기 어려운 곳이라는 것이다. 그래서 나는 생각했다. '나는 논산에서 1년간의 수련을 쌓아 이제 막 평탄한 사무직에 안주하게 되었지만 이런 정도로는 앞으로 경쟁사회에서 강력한 도전자들을 물리치기에는 역부족하니 한층 더 체력단련과 극기심을 높여서 소기의 목적을 달성하도록 노력하지 않으면 안 된다'라고 결론을 내려 "그러면 제가 나이도 어리고 배운 것도 부족하니 수련하는 셈 치고 자원입소하겠습니다"라고 말했더니 사방에서 칭찬하는 소리가 요란하게 들려왔다.

며칠 후 평양에 있는 황민도장에 도착해 입소식을 올린 다음 각자 내무반에 들려 작업복을 갈아입고 현장에 모이니 약 50명은 넘는 인원으로 대부분 힘센 청년들이었다.

매일의 일과는 약 50평 정도의 공지에서 땅을 파내어 그 흙을 가까운 곳에 옮기는 작업으로 아마도 전시에 대비할 방공호인 듯했고, 파낸 흙은 별도 경로를 통해 먼 곳에 버리는 것 같았다. 날이 지남에 따라 부상자들이 속출해 양호실은 항상 만원이었다. 그러나 나는 '내가 자원해서 한 것이니 누구를 탓하리오. 오직 후일을 위함이니 주의해서 유종의 미를 거두자'고 다짐했다. 처음에는 많은 입소자들이 일에 시달려 하루가 여삼추 같았지만 점차 날이 감에 따라 작업은 진척되고 한 달 만의 수료식도 며칠 안 남게 되었다. 하루는 일인(日人) 소장이 한 번만 불어도 날아갈 듯한 나의 야윈 모습을 보고 걱정이 되었는지 나를 자기 집에 불러 영양가 있는 음식을 먹여주었으니 누구나 양심과 측은지심은 있는 듯했다. 며칠 후 1개월의 수련을 끝내고 그리운 순천 땅에 돌아오게 되었다.

그런데 들리는 말에 따르면 도장 소장이 나를 지극히 신임해 당시 도청에 와 있던 정 군수님에게 '자기의 조수로 허락해달라'고 요청했지만 정 군수님은 일언지하에 거절하셨다 하니 그때 만약 허락하셨다면 나는 종전 후 일본 사람들을 따라갈 얄궂은 운명에 처했을지도 몰라 가슴이 아찔했다.

⑭ 1945년 8월 고향에 내려가 결혼식을 올리다

8월 8일경 고향에서 편지 한 통이 날아왔다. 내용을 읽어보니 8월 10일 고향에서 결혼식을 올리기로 하였으니 만사를 다 제쳐놓고 돌아오라는 아버님의 분부셨다. 나는 부모님이 아들의 장래를 위해 평생의 반려를 정해주시는 높은 뜻을 헤아려 순응하기로 했다.

다음날 상사에게 '급한 용무가 있어 고향에 4~5일간 다녀오겠다'고 허가를 얻은 후 급거 내려갔다. 내려가는 도중에 기차 속에서도 '제발 아는 규수여야 할 터인데'라고 되뇌이며 애를 태웠다. 다음날 오전에 집에 도착해 휴식을 취하다가 하루 뒤인 그 다음날에 운명의 결혼식을 올리게 되었다.

한편 규수는 약 2년 전 만주 도문에서 개업한 신병원의 서사로 있던 형부 이면재 씨의 부름을 받고 만주에 건너가 간호사 일을 수습하다가 근자 일본의 패전이 확실하다는 소식을 포착하고 형부 내외 일행과 함께 급거 귀국했다. 또한 현재 여자 정신대 문제가 심각해 하루빨리 결혼식을 서둘렀던 것이다.

다음날 아침 10시경에 신충리에서 출발한 가마꾼들이 규수를 태우고 도착해 가마에서 내린 후 잠시 마당 한쪽에 서 있을 때 문밖 대청에서 슬며시 쳐다보니 틀림없이 옛날 귀엽게 보던 얼굴이었다. 나는 그제사 하늘을 우러러보며 감사의 묵념을 올렸다. 학교시절보다는 키도 크고 이목구비도 수려하며 용태도 어른스러워 한 치의 손색없는 귀부인형이었다. 이 정도면 '내가 장차 사회에 나가 봉사하고 가정을 꾸려나가더라도 충분히 남보다 나은 공적을 세우고 재산을 모을 수 있으리라'는 자신감이 온몸에 용솟음쳤다.

10시 30분경에 혼례식이 거행되었다. '신랑신부 입장이요' 하면 신랑 신부는 각기 소정의 자리에 서게 되고 '신랑 신부 배례요' 하면 신랑 신부는 서로 두 번씩 절한다. 혼례가 끝나고 폐백시에는 안어른들께서 신부 치마에 대추 세례를 하는데 이는 '자손을 많이 나으라'는 의식이다. 이러한 일련의 행사가 끝나면 신부는 피로하기 때문에 객실에 들어 잠시 휴식하고 신랑은 손님들의 술을 따라주었다.

저녁 8시경이 되어 신방이 차려지고 신부의 족두리를 내려놓는 의식이 진행되었다. 족두리를 내려놓지 않으면 당시의 예법으로는 결혼의 성사로 보지 않았기 때문이다.

그래서 신랑은 신부의 족두리를 내리는 것을 가장 중요시하고 또 서두르게 되었다. 신방에 촛불이 켜지자 신랑 신부는 술 한두 잔을 교환한 후 신랑이 무거운 신부의 족두리를 내려놓고 손을 잡고 장시간의 수고로움을 위로해주었다. 이렇게 서로의 만남을 마음속으로 속삭이면서 영원히 일심동체가 되는 순간에 접어들게 되었다.

이때 운명의 신은 점차 내 앞에 다가오고 있었다. 8월 15일 정오 뉴스에서 대본영 발표가 있었는데 일왕 히로히토가 “황국 신민 여러분 나는 오늘 일본 정부가 미국 정부에 대해 무조건 항복하는 것을 선언한다”라고 눈물 섞인 어조로 방송했다.

어제도 동네 정자나무 아래 그늘에서 몸을 식히던 촌로들로부터 “저 고공을 유유히 떠다니는 비행기는 미국의 B29라 하는데 일본 비행기가 추격하지 못하는 것을 보니 아마 일본이 패망할지도 모른다”라는 말을 들었는데 막상 방송을 들으니 온몸이 심하게 요동쳤다. 나는 어릴 때부터 조선의 영웅이 되겠다는 사람으로서 어찌 조국의 독립을 기뻐하지 않으리오마는 이제 내가 결혼한 마당에 여기에 눌러앉아 장래를 개척할 것인가 아니면 정들었던 직장에 돌아가 정세를 탐색 후 현명하게 대처할 것인가를 놓고 심하게 고심했다. 하지만 장고 끝에 후자를 택해 며칠 후 여장을 챙겨 정든 아내를 남겨둔 채 부모님과 조부님께 하직인사 후 머나먼 외지로 기약 없이 돌아갔으니 참으로 인연으로 맺어지는 운명은 막을 길이 없었다.

⑮ 1945년 8월 20일 정 군수님에게 남쪽으로 조속히 피신할 것을 연락드리다

하숙집으로 돌아온 다음날 군청에 들어가보니 분위기는 종전과 달리 어수선했지만 활기는 넘쳤다. 특히 고원(서기)급 청년들이 그러했다. "고향에 다녀왔더니 세상이 바뀌었군요"라고 내가 말하자 "암 그러구 말구요"라며 호의적인 태도들이었다. 나는 정 군수와 가까운 사이기 때문에 내심 경멸할 줄 알았는데 그러지는 않았다. 그것은 한 달 전 황민도장 차출시 내가 십자가를 메었기 때문에 자기네들은 위기를 모면했다는 의미로 풀이되었다.

조금 후에 사람들이 더 모여 웅성웅성한 가운데 한 저돌적인 청년이 좌중을 향해 말하기를 '내일 오후에 평양에 올라가 정 군수를 체포한다 하니 각자 준비를 하라'는 말이 나의 귀를 스쳐갔다. 나는 직감적으로 위기가 닥쳐옴을 감지했다. 나는 못 들은 체하며 아무 말 없이 사무실 안을 왔다 갔다 서성거렸다.

나는 오후 5시경 아무도 모르게 순천역에 나가 기차를 타고 평양으로 향했다. 평양에 도착하니 어두컴컴할 무렵이었다. 곧바로 정 군수님이 유숙하는 서평양의 사위 집으로 찾아갔다. 정 군수님은 출타 중이어서 그 따님에게 위급한 사정을 설명하고 곧바로 순천으로 발길을 돌렸다. 그러나 열차가 끊겨 할 수 없이 100리 길을 도보로 걷기 시작했다. 주위는 칠흙같이 어둡고 다만 순천으로 가는 지방도로만 허옇게 보일 뿐이었다. 처음에는 걸음걸이가 가벼웠지만 10리 20리 걸어가니 점차 느리게 되었다. 그러나 그때 나이 19살로 어느 정도 견딜 만했다. 만약 50대 이상이었으면 어림도 없는 일이었다. 그래서 용기를 내어 걷고 또 걸었다. 나는 지난날에 상월소학교에서 철봉으로 수련하던 일과 논산 농업실수학교에서 1

년간 중노동을 하던 일, 그리고 평양 황민도장에서 1개월간 굴토작업하던 일을 주마등처럼 상기하며 박차를 가했다. 해가 동틀 무렵에 순천에 도착해 정 군수 사모님을 뵈었다. 사모님은 눈물을 흘리셨다.

⑯ 1945년 9월 20일 윤 군수님과 함께 평양 서부에 이주하다

정 군수님 일행이 남하한 소식을 듣고 허탈한 심정에 빠졌다. 누구를 의지하느냐가 주 관심사였다. 하루는 정 군수님 후임인 윤덕명 군수님을 관사로 찾아갔다. 윤 군수님은 키가 후리후리한 인자하신 분으로 일찍이 고등문관시험에 합격해 군수에 보임한 분으로 박재홍 형님과는 사돈간이셨다. 형님의 둘째 아들인 종득 씨의 장인이었다.

윤 군수님은 나를 보고 "요즘 관사가 적적하니 야간에 같이 자 주었으면 좋겠다" 하시기에 즉답하고 그날부터 야간경비를 맡아 왔다. 그러나 윤 군수님은 군수직에서 자동해임되었고 또한 순천에는 아무런 연고도 없는데 구태여 장기 거주할 이유가 없다고 느끼시었는지 며칠 후 평양 이주를 천명하셨다. 이에 따라 우리 일행은 짐을 챙겨 서부운동장 부근에 마련한 3칸짜리 집에 들어가 숙소로 삼았다.

그 무렵 북한 정세는 분초를 다투어 변해가고 있었다. 어제 정계선언을 한 엄모 당수가 오늘 괴한에게 암살당하고 국부로 추앙받던 조만식 선생도 평남인민위원회를 구성했으나 별무신통한 가운데 김일성과 소련군은 평양 입성을 서두르고 있었다. 이러한 와중에서 우리 일행들은 앞으로 처신할 대책을 스스로 강구하지 않을 수 없게 되었다. 그것은 김일성의 귀국과 소련군의 입성을 보더라도 자명하였다.

김일성이 귀국하던 날 서부공설운동장의 환영식장에 갔다. 많은 군중이 모여 인산인해를 이루었는데 김일성 장군이 모습을 나타냈다. 슬며시 쳐다보니 기껏 30여 세 정도의 중간 키에 보통 체격의 미청년이었다. 장내는 한때 출렁거렸는데 그도 그럴 것이 과거의 신출귀몰했던 김일성 장군이라면 지금은 적어도 60 나이는 넘었을 터인데 턱도 없는 날조된 인물 김성주가 김일성이라며 나타났기 때문이다. 조만식 선생의 환영사에 이어 등단한 소위 김일성은 사자후를 토했는데 지금은 너무 오래된 일이라 연설 기억이 나지 않는다.

며칠 후 소련군이 진주한다는 말을 듣고 즉시 통과지점인 도로변에 가서 기다렸다. 당시 소련은 종전 직전에 얄타에서 미국·영국·프랑스와 함께 회담을 개최해 일본이 항복할 경우 취해야 할 역할분담을 획정했다. 이때 미국과 소련은 38선을 기준으로 분담하기로 양해가 성립되었는데 38선 이남은 미국이, 38선 이북은 소련이 각각 통치하기로 했다. 따라서 오늘 진주하는 소련군은 자국에서 활동했던 김성주를 후원할 것은 명약관화한 일이었다.

한참 후에 북쪽에서 먼지를 일으키며 장갑차와 탱크를 선두로 다가오는 부대행렬이 보였다. 그런데 탑승한 병사들은 체구가 왜소하여 마치 서유기에 나오는 손오공과 흡사해 보였으며 각각 병기를 들었는데 이들은 소련이 아닌 어느 왜소국가 출신의 제1진 병사들 같았다.

따라서 이들이 주둔하는 기간이 몇 년이 될지 몇십 년이 될지는 가늠할 수 없고 또 이 장갑차와 탱크로 우리나라를 집어삼킬지도 모를 일이라고 우려하기도 했다.

이후 북한의 정세는 날로 나빠져 더 이상 머무를 수 없는 처지에 이르러 남하를 서두르지 않을 수 없게 되었다. 윤 군수님도 마찬가지여서 10월 5일 남하를 결행하기로 해 여장을 싸서 짊어지고 저녁 때쯤 평양역을 떠나 사리원을 거쳐 개성에 내려 휴식을 취한 다음 그날 야음을 타 개성을 빠져나와 서울에 안착했다. 다행히 검문당하거나 연행되는 일은 없었으니 이는 동포애 정신이 아직 남아 있어 서로 눈감아준 덕분이었다.

여기에 한 가지 빼놓을 수 없는 일이 생겼다. 내가 일행과 함께 내려올 때 경기도 평택군 출신의 35세가량의 남자가 있었다. 그는 윤 군수를 따라와 순천군농회 직원이 되었는데 마침 같은 이남 출신이기 때문에 한조가 되어 그분의 큰아들을 내가 담당하기로 했다. 개성에서 내려 38선을 넘어오는 도중에 그 아이를 업고 오는데 무척이나 무거웠다. 그리고 정신없이 오느라 내 귀한 외투마저 잃어버리면서 기진맥진해서 간신히 서울에 도착했는데 어느 시점인가 그 남자가 전차에 올라타기에 나도 덩달아 올라탔다. 한참 가다가 그가 묘기를 부리면서 전차에서 사뿐히 내려서는 것이 아닌가.

그러나 나는 본래 산골 출신으로 묘기를 부릴 수 없고 묘기를 부리다가 골절이나 당하면 병신이 될 수도 있어 내리지 못하고 있는 사이 그는 멀찌감치 도망치는 것이었다. 참으로 기가 막힐 노릇이었다. 그는 필시 평양에서 서울까지 아이를 업고 왔으니 얼마간의 수고비라도 주어야 할 터인데 그것이 겁이 나서 자작극을 연출한 것 같아 씁쓸함을 금치 못했다.

나는 할 수 없이 서울역에 들어가 기차표를 산 후 호남선 열차를 타고 연산역에서 내려 그리운 고향집으로 다시 돌아왔다.

조부님과 작은조모님 그리고 부모님께 예를 올린 후 아내와 만나 그동안의 사연을 자세히 이야기하였다. 아내는 2개월여의 시집살이에 다소 초췌한 모습이었지만 나를 만나자 다시 생기를 되찾는 듯했다. 이로써 3년여의 순천 생활은 막을 내리고 조국의 광복과 더불어 전개될 생활터전을 찾는데 여념이 없었다.

⑰ 1945년 10월 20일 남하한 후 한문 학습을 시작하다

남하한 후 하는 일 없이 지내왔으나 머릿속은 항상 재기의 꿈으로 가득 차 있었다. 나는 부족한 지식공간을 메우기 위해 서당에 나가 한학을 학습받기로 했다. 그동안 일제치하에서는 보기 드물던 서당들이 조국이 광복되자마자 우후죽순격으로 각처에 생겨났다. 수소문 결과 학당리에 서당이 있다는 말을 듣고 찾아가니 마침 집안 아저씨가 훈장을 맡고 계셨다. 연유를 말씀드리고 그날부터 '대학' 수강에 들어갔다. 수강은 원칙적인 훈도방법이 아니라 약식으로 문자해설 정도의 대체적인 의미만 습득했다.

그러나 아무리 생각해도 선생님의 한학 실력이 얕은 것 같아 2개월 후에 하직하고 주곡리 양희석 선생님의 서숙으로 옮겼다. 양 선생님은 한학 실력이 높아 인근에서는 매우 존경받는 분이었다. 특히 나의 큰형님과는 친구간이여서 내가 사연을 말씀드리니 흔쾌히 받아주시어 그로부터 3개월에 걸쳐 대학 강의를 전수받았다.

(다) 청장년시대

⑱ 1946년 4월 강남옥 도사로부터 평생운을 전수받다

1946년 4월경 처음으로 상경하였다. 그것은 취직을 해야겠는데 시골 면사무소는 기가 차지 않고 적어도 2~3년 경험은 있기 때문에 옛 상사들이 남하하였으면 부탁하려는 심산이었고, 숙박 등은 재경 친척들을 물색할 예정이었다. 이 계획은 들어맞아 2~3일간 체류는 문제없고 그 이상이라도 가능하였다. 그때만 해도 해방 후 인정이 순박한 때라 고향일가를 반갑게 맞이하는 풍조일 때였다.

하루는 서울역 건너편 세브란스병원 근처에서 식당을 운영하시는 육촌

형님 댁을 찾아가 하룻밤을 자고 다음날 아침식사 후에 남대문로를 거쳐서 화신과 동대문, 창신동으로 이어지는 청계천 길을 따라 걸어가는데 창신동에 이르니 많은 사람들이 모여 있었다. 중년 어른에게 "왜 이리 사람들이 많습니까"라고 물었더니 그분이 말하기를 "저 도사님은 그동안 일인들을 피하여 황해도 묘향산 속에서 숨어 살며 수도하다가 조국의 해방과 더불어 젊은이들에게 앞날의 운세를 알려주려고 잠시 나타나셨네"라고 하였다. 나는 그 말을 듣고 한편 신기하고 흥미롭기도 하며 또한 당장 취직을 해야 할 처지인데 어찌 사양하겠냐며 강 도사님 앞에 나아가 예를 올린 후 "저에게 운세를 알려주십시오"라고 말하며 생년월일시를 말하고 관례에 따라 소액의 납전을 하였다. 그러자 강 도사께서 나를 물끄러미 주시한 후 서사를 불러 지필묵을 준비시킨 후 낭랑한 목소리로 법문 같은 사언절구(四言絶句)를 읽어나갔다. 서사도 이에 뒤질세라 오차없이 써나갔다. 도무지 전광석화와 같이 진행되어 경탄을 금하지 못하였다.

그 내용을 구체적으로 말하면 다음과 같다.

1. 얼굴의 형태는 갑옷갑(甲)자 형이요. 즉, 얼굴 형태는 네모나다는 것이다.
2. 전체적인 운세를 종합해 설명하면 용기어천(龍起於川)하니 고상기사(高尙其事)로다. 즉, '용이 맑은 개천에서 솟아 하늘로 올라가니 크게 존귀하게 될 상이며 그 하는 일이 모두 성공하리라'는 것으로 보기드문 좋은 운세였다.
3. 부분적인 운명을 연대별로 나누어 말하면 주로 논어를 인용해 점단으로 삼았다. 즉,

① 三十에 立志[입지](자립을 말함),

② 四十에 不惑[불혹](미혹되지 않고 판단함),

③ 五十에 知命(숱한 경험으로 앞날을 알 수 있음),

④ 六十에 耳順(자유로이 순응함),

⑤ 七十에 鼓盆之痛이요, 月老가 再來라. (이는 장자에서 나온 사언절구로 '장자의 아내가 죽자 항아리를 두드리며 통탄했다'는 고사에서 나온 것으로 '상처 후 중매가 온다'는 뜻이다.)

⑥ 八十長壽요 歸依成群하리라. (이는 '나이는 80의 장수를 누리고 돌아와 의지하는 사람들이 많을 것이다'라는 뜻이다.)

이상과 같이 강남옥 도사의 신점(神占)은 관상법에 의한 점법으로서 그 신속하기가 이를 데가 없었다. 나는 '하늘에서 하강하신 태서(泰筮)의 신(神)이 아니신가'라고 의아했다.

나는 이러한 강 도사의 계시를 받고 비록 운세가 아무리 좋다 하더라도 스스로 굴러오는 것은 아니다. 따라서 '부족한 학식을 확충하고 마음과 행동을 바르고 의롭게 가져야 한다'고 생각했다.

며칠 후 그곳에 다시 찾아갔더니 전날의 성황은 온데간데없이 사라지고 사방은 고요적적하여 사람 하나 보이지 않았다. 나는 '세상에는 불가사의한 일도 많구나' 하며 그 자리를 떠났다.

나는 훗날 강남옥 도사의 점법이 무엇인가에 대해 깊이 생각해보았는데 그 점법으로 보아 주역의 정서법에 의한 것은 아니고 점칠 때의 과정이 생년월일시와 얼굴을 관찰하는 것으로 보아 관상학과 주역의 원리로 창제한 사언절구를 혼용하여 만든 특출한 점법 같았다. 이 사언절구는 1810년 순조 10년에 작자 미상자의 관보에 실린 '척사점법과 매우 유사하여 우리나라 고유의 탁월한 점법'임을 알았다.

⑲ 1946년 5월 한교관서숙에서 한학 공부를 마무리하다

서울을 다녀온 후 한 가닥의 희망은 포착했지만 그러나 현실을 떠난 맹종은 있어서는 안 된다며 후일을 위해서는 한학을 더 계속하는 것이 좋다고 생각되어 이번에는 연산면 덕목리 '턱골'에 있는 '한교관서숙'에 들어가 공부하기로 했다.

한교관 선생님은 청주한씨로 학식이 높고 덕망 있는 '마지막 대가'이셨다. 더욱이 우리 고모님의 시댁 어른이시고 또 형수님의 친정 어른이셨다. 여러 인근의 학생들이 모여와 웅성거렸다. 그중에서 내가 가장 연장자였다. 이렇게 조석으로 왕래하며 1년 만에 논어와 맹자를 수습해 적지않은 성과를 거두었다. 끝날 무렵에 약소하나마 쌀 한 가마를 주성 형님이 지고 가셔서 그동안의 은혜에 보답하였다.

⑳ 1947년 12월 1일 일말의 서광이 보이기 시작하다

한교관서숙을 떠난 지 얼마 후 부모님은 나에게 "너의 처도 이제 시집온지 반년은 너머 시댁살이는 대충 알 수 있을 터이고 집에는 큰형수와 작은형수가 있어 일상생활은 지장이 없으니 홀로 계신 사부인을 보더라도 잠시 네 처와 함께 신충리 처가에 가 있으면 어떻겠느냐"고 하시기에 "예, 그러하지요"라고 응답한 후 아내에게 말하였더니 뗄세라 기뻐해 다음날 하직하고 처갓집으로 내려갔다. 어느 날 장모님이 "사위! 대사마루 숙모님에게 물어보니 사위가 이제는 세상에 나가 활동해도 좋다고 하는군" 하시기에 "그럼 한번 또 서울에 다녀오지요"라고 대답한 후 며칠 후에 서울로 올라갔다.

그런데 대사마루 숙모님은 어려서 대둔산에 들어가 무당 선생에게서 점술을 배웠는데 그 점법은 신령님께 기도하는 것으로 축원한 것이 '나쁜 징조면 눈 속에 검은빛이 나타나고 좋은 징조면 빨간빛이 나타나는 것'으로 10여 년의 고행 끝에 일문을 열었으니 항간에서 말하는 '무속점법'이었다. 나도 이 점법에 의해 몇 번인가 위기를 벗어날 수 있었다.

한편 작년에 서울에 왔을 때, 박재홍 형님의 큰아들인 종만 씨가 돈암동으로 이사갈 때 내가 약간의 조력을 하였는데 그때 어머니이신 큰아주머니가 아들에게 '저 서방님을 좋은 곳에 취직 좀 시켜주어라'고 하는 말이 생각나서 다음날 방문했더니 체신부 산하의 '민사통신검열부에 취직이 되었다'는 것이다. 나는 학력이나 실력이 별로 없는 몸이라서 크게 감사하게 여겼다. 나는 지금도 그 큰아주머님의 얼굴과 큰며느님의 모습을 상기하고 있다. 그분들이 돌아가시거나 부군의 비극을 참다못해 속세와 인연을 끊고 절에 들어가 스님이 된 오늘에도 그 정회를 잊을 수 없다. 큰아주머님은 일제 말 충북지사에서 물러난 박재홍 지사 형님의 본실이고 큰며느님은 그 자부였다. 큰아들 종만 씨는 전남 영광군수를 지낸 그 당시 농림부 수산국장으로 앞날이 촉망되었는데 불행하게도 6·25전쟁 때 남하하지 못하고 행방불명이 되자 그 부인이 정렬의 마음을 이기지 못하고 절에 들어가게 된 비극의 주인공이었다.

한편 민사통신검열부는 미군정 당시 체신부 내의 한 부서로서 주로 민사통신의 검열을 담당하였는데, 그것은 좌익계열의 준동을 사전에 차단하기 위한 목적에서였다. 처음에는 적은 보수였지만 배급물자가 풍부해 종사원들의 생활이 안정됐지만 점차 배급량이 줄어들게 되면서 극심한 생활고를 겪게 되었다. 그러나 나는 3년간 쌓은 한문 실력을 토대로 충분히 검열업무를 완수하고 고난을 이겨낼 수 있었다.

㉑ 1948년 8월 25일 대통령 취임식을 참관하다

이날은 대한민국 초대 대통령에 당선된 이승만 박사의 취임식 날로 공휴일로 지정되었기 때문에 현장을 참관하고자 동대문 창신동 집을 나섰다. 취임식장은 중앙청(구 총독부) 건물 좌측 마당이었는데 그때 마침 연단시설과 좌석배치를 하는 중이었다. 조금 후 내외귀빈과 정부 고위직들이 모여들었는데 특히 이 대통령과 프란체스카 여사, 그리고 한복 차림의 이시영 부통령의 얼굴이 스쳐갈 뿐인데 이 행사는 아주 조촐하게 치러졌다. 그날 모인 청중은 100명 이내였다.

정부 수립 후 그동안 논란되었던 반민특위 법안은 결국 폐기되고 말았다. 다음날 체신부 진 장관님의 취임식 때도 조촐하기는 매일반이었다. 잠시 후 식이 끝나 산회했는데 그날 체신부 우정국에 새로 편입된 우리 검열과 10여 명은 정원이 마련되지 않아 임시 서기로 임명됐지만 불원간 정식 서기로 임명될 것이라고 하였다.

㉒ 1949년 12월 1일 고향 땅인 대전 시청에 보금자리 틀다

체신부 검열과에 배속됐지만 아직 군정 절차가 마무리되지 않은 탓인지 별다른 임무 없이 지나오던 어느 날 때마침 조흥은행 상무취체역으로 부임하신 정종원 전 군수님에게서 연락이 왔다. 내용인즉 전에 평남지방과장으로 있던 현 내무부 지방국장인 한희석 국장을 통하여 대전 시장인 손영도 시장에게 취직을 부탁하였으니 가보라는 것이었다. 그것은 학벌이 충분하고 자격이 있으면 은행 직원으로 특채라도 하였겠지만 그렇지 못한 상황에서는 장래성이라도 있는 부서에 취직시켜야겠다는 따뜻한 배려였다.

나는 아직 질서 없이 혼돈상태인 체신부에 신고할 겨를 없이 아내를 데리고 대전으로 내려갔다. 대전은 우리 고향에서 버스로 한두 시간 걸리는 삼남의 요충지로 도청 소재지이고 또한 왕년에는 시인묵객들이 자주 찾는 풍류도시이기도 해 무척 마음이 들었다. 시장님께 신고하니 즉시 사회과 노동계 촉탁으로 임명받았다. 얼마 후 재무과로 옮기는 동시 지방서기로 승진해 머나먼 공직생활에 들어가게 되었다. 그때 내 나이는 22세였다.

㉓ 1950년 6월 25일 북한군이 대한민국을 침공하다

북한군은 새벽 야음을 타 소련과 중공의 비호 아래 일제히 대한민국의 영토를 침공하기 시작했다. 전 국민은 아무런 예고 없이 쳐들어오는 인민군에 소스라치게 놀라고 분노했지만 도리가 없는 일이었다. 그래서 부유층은 후퇴하는 인파에 따라갔고 특수직 공무원이나 경찰 등도 뒤따라가지 않을 수 없었다. 그때 나는 가족을 시골 처갓집으로 피신시킨 후여서 돈이 없어 운신할 수 없었고 그렇다고 직장에 나가기도 싫어 고민하던 차에 35세가량의 남자가 "나는 구호역무를 담당하는 사람인데 나를 좀 도와주시겠소"라고 하기에 나와 또 한 사람은 '고소원'이라 생각하고 그를 따라갔다. 실내에 들어서니 부상당한 환자들이 즐비하게 누워 있었다. 당시 제공권을 장악한 미국 비행기는 이상한 물체만 보이면 폭탄을 투척해 그 파편으로 부상을 당하는 사람이 많았다.

그 부근에는 유명한 박외과를 비롯해 여러 의사가 있어 우리들은 급한 환자가 생기면 곧잘 의사들을 데리고 오거나 치료받은 환자들을 그들의 집으로 데려다 주기도 했다. 이 의사들은 저 북한 놈들이 생사람 잡아먹겠느냐는 배짱으로 남게 된 사람들이었다. 후일 수복 후에 그들을 만나면 부역 사실이 탄로날까 짐짓 모르는 체하는 경우가 많았다.

이때 전선은 낙동강을 사이에 두고 치열한 공방전을 벌이고 있었다.

UN군이 속속 도착해 신무기로 인민군을 무찔러 낙동강 물귀신으로 만들고 또 맥아더 장군은 전격적으로 인천 상륙작전을 감행해 적의 허를 찌름으로써 인민군으로 하여금 백두대간을 통해 야반도주케 하는 신세를 만들었다. 치료소는 한산했는데 마침 모 학교의 교사라는 예의 사람이 와서 말하기를 "우리는 이제 북쪽으로 가 빨치산이나 할 신세가 되었으니 나이 젊은 사람은 따라오고 많으신 분은 집으로 가시라"며 나의 손을 잡고 그동안 수고가 많았다며 눈짓을 하는게 아닌가! 그래서 아무 말 없이 떠나 그 길로 서대전, 두계, 연산을 거쳐 새벽녘에 그리운 처갓집에 1년만에 도착했다. 몇 달에 몇 달을 더한 후에 거울로 얼굴을 비추어보니 그동안 장모님과 아내의 극진한 보살핌으로 깎았던 머리도 거의 자랐고 몸도 완전히 회복된 듯했다. 마침 대사마루 숙모님께서 오셔서 "조카님은 이제는 바깥에 나가도 되겠군" 하시기에 우선 대명리 띠울을 다녀온 후 떠나기로 했다.

다음날 지경리 사정을 알아보니, 지경리의 양철식 형님은 인근지방의 덕망가로 상월 면장까지 지내신 분으로 인민군이 남하했을 때 대촌리 권씨일문에 의해 무참히 살해당했는데, 수복과 더불어 귀향한 그 아들 양순직 일가에 의해 그 관련자들을 가차없이 즉결 처분했다는 것이고 또 대명리의 사정도 같았다.

당초 인민군이 남하했을 당시 반남 박씨 가문에 의해 살해당한 공씨 가문에서 이번에는 수복을 계기로 박씨 가문의 1명을 즉결처분하였고, 1명은 멀리 도주해 잡지 못하고 있다는 것인데, 실제 내용은 즉결처분자의 경우는 아무런 원한도 없이 순간적으로 저질렀다는 것이고 또 도주했다는 1명은 그 후에 알아보니 시효가 만료된 후 잠시 귀향했다가 한동네에 살기가 껄끄러운지 다시 멀리 가서 살고 있다는 것이다. 이와 같이 잠시

간의 자기 불찰로 외적 환경이 급변했다고 해서 거기에 편승해 사람을 죽이고 자기도 죽임을 당하는 일은 참으로 비극이 아닐 수 없다. 이는 모두 자비심과 극기심의 부족에서 연유했다는 것을 우리는 모두 지각해야겠다.

다음날 띠울로 건너가 부모님을 배알해 그동안의 불효를 사죄하고 곧바로 대전으로 향했다.

㉔ 1951년 9월 대전 시청에 복직하다

대전 시청 문을 열고 들어서니 넓은 호적과 사무실이었다. 나를 보자 모두 놀라는 눈치였으니 그도 그럴 것이 사변 이후 누구 하나 마주친 사람이 없었기 때문이었다.

설영도 선배를 비롯해 아는 사람과 악수를 하고 배 인사계장을 거쳐 손 시장님께 신고했더니 '별고 없었냐' 하시며 인사계장에게 사회과 구호계 근무를 하명하셨다. 구호계는 전란의 와중에서 생활고에 허덕이는 주민에게 식량이나 구호물자를 배급해주는 아주 중요한 부서였다. 이때 도지사 형님이 윤 군수님과 함께 대전 군시공장에 계시다는 전갈을 받고 부랴부랴 가 뵈었더니 두 분이 계셔서 구호물품 몇 개를 드린 일이 있다. 두 분은 회사의 상담역으로 잠시 와 있다고 말씀하셨다. 이 두 분은 나의 잊지 못할 은인이시다.

나는 여기에서 박재홍 형님의 뛰어난 재능을 소개하지 않을 수 없다. 그것은 일본이 패망하고 미군이 진주한 때였다. 형님은 충북지사에서 물러난 60이 넘은 나이에도 불구하시고 곧바로 독학으로 영어를 공부하여 몇 달 만에 회화를 유창하게 구사할 수 있는 경지에 도달했다. 그래서 수복 후 대전에서 유수기업인 이 군시공장에 와서 미군들을 상대하였으니 그 총명함은 비길 데가 없었다. 그 후 나는 이 구호계가 어쩐지 마음에 들지 않았다.

약 7개월 후에 당시 충남 문교사회 국장으로 계시던 조중선 국장님을 찾아가 문교계통으로 전직해주십사 하고 솔직하게 말씀드렸더니 '잘 생각해보겠다'고 하시기에 희망을 품고 물러나왔다. 조 국장님의 사모님은 정 군수님의 사모님과 일본 히로시마 고등사범학교의 동창으로 서로 '의형제간'이었는데 정 군수님 사모님으로부터 나의 내력을 들은 터에 집에 와서 간청을 하니 사모님께서도 한 말씀 가세한 것 같았다. 이렇게 해서 다음해 4월 10일에 지방비에서 국비로 전환돼 논산군 연산중학교에 부임하게 되었다.

후일에 들은 이야기지만 내가 떠난 후 대전 시청의 후임자는 나이도 많으신 분이었는데 업무상 부정이 포착돼 혹독한 경찰 조사 끝에 폐인이 되었다는 말을 들었다. 또 후일에 관직에서 물러나신 조 국장님 내외분을 서울에서 찾아뵙고 전일의 은혜를 감사드렸더니 국장님은 "그런 일이 있었던가" 하시면서 껄껄 웃으시었다. 이것이 은인이신 두 분과의 마지막 만남이었다.

㉕ 1952년 4월 10일 연산중학교에 부임해 '명경리' 칭호를 얻다

당시 연산중학교는 개교한 지 몇 년이 되도록 아직 시장 한가운데의 육성회장 소유 창고를 빌려 개조하여 임시 교실로 사용 중이었다. 서무직원이 배치되지 않은 상태에서 임시직원을 고용하였으니 서무 전반이 부실한 것은 당연하였다. 나는 난마같이 얽혀 있던 서무행정을 어느 정도 경험을 토대로 하나하나 개선해 정상궤도에 올려놓기 시작했다. 그 후 1년에 3개월마다 네 번에 걸쳐 제출한 회계증빙서류를 도 회계과에서 심사할 때마다 호평을 받아 마침내 '명경리'의 칭호를 받기에 이르렀다.

하루는 8년 전 해방되던 해에 수시로 드나들며 숙식했던 음식점을 경영하시던 지경리 육촌형님이 찾아오셨다. 6·25사변으로 남하해 괴로우신 모양이었다. 나는 즉시 옷과 먹을 것과 약간의 현금을 봉투에 넣어드리면서 "약소하지만 보태 쓰십시오"라고 말한 것이 영영 이별이 될 줄은 꿈에도 몰랐다.

처갓집과 학교 사이는 약 4km 거리여서 자전거로 30분 정도 걸리기 때문에 매일 통근했다. 장모님은 내가 갖다드리는 월급봉투에서는 한 푼도 쓰시지 않고 오히려 늘려주시는 데만 골몰하였다. 그래서 급속히 저축이 늘어나게 되었다. 참으로 장모님의 사위 사랑이 지극하고 한이 없음을 엿볼 수 있었다.

그런데 1953년 5월 10일 조국의 부름을 받고 영예로운 군문에 입대하게 되었는데 이때 나이는 27세였고 아이가 둘이 있을 때였다.

㉖ 1953년 5월 10일 논산 육군 제2훈련소에 입대하다

육군 제2훈련소에서 소정의 군사훈련을 받은 후 경남 병기창을 거쳐 육군 군악학교에 배속되어 복무하게 되었다. 그 당시 전선의 상황은 북한군이 패주하고 국군과 UN군이 파죽지세로 북진을 감행하여 이승만 대통령이 평양에 가서 군중연설까지 할 정도로 고무적이었다. 그 여세를 몰아 신의주까지, 또 함경북도의 오지까지 진격했으나 얄궂게도 중공군이 참전하였다. 중공군은 대대적인 인해전술로 죽이고 죽여도 파리떼같이 한이 없으므로 UN군 측에서도 어찌할 수 없이 1·4후퇴를 하였으나, 전폭기로 엄청나게 타격하니 북한군과 중공군도 섣불리 대들지 못하고 다만 38선 인근의 백마고지 탈환에만 집중하다가 UN군의 대대적인 화력에 견디기 어렵자 드디어 정전을 수락하여 전쟁이 멈추게 되었다. 나는 그 이전인

1954년 4월 20일에 제대 하명을 받고 그리운 고향으로 1년 만에 돌아오게 되었다.

㉗ 1954년 4월 20일 부여중학교에 복직하다

새로 부임한 부여중학교는 군청 소재지답게 학교시설도 좋고 입학경쟁률이 높아 해마다 학급이 증설되고 있었다. 더욱이 김정덕 교장 선생님은 아주 덕망 높은 교육자이셨다. 나는 '명경리'답게 업무를 처리해 새로운 기풍을 일으켰다. 가정적으로는 큰딸 미령이와 셋째 아들인 윤희가 차례로 태어났다. 마침 세들어 살고 있는 집주인이 집을 싸게라도 판다 하기에 그 집을 샀다. 그 집은 중학교로 가는 도로변에 있고 건물은 비록 낡은 편이나 마당 부지가 넓어 마음에 들었다.

집을 사들인 후에 나는 생각했다. 그것은 '해방 전 만주 도문에서 나의 아내와 함께 귀국한 큰동서가 현재 40의 나이에 고향인 별곡면에서 놀고 계시지 않은가. 그분으로 하여금 소규모 사업이라도 하시게 하는 것도 좋겠구나' 하는 생각이 들어 즉시 의향을 떠본 후 찬성하시기에 즉시 오시라고 하여 목공사업을 시작했다. 그 당시 관공서나 영업소 등에서는 소규모 시설을 많이 하였고 가정에서도 자녀 결혼에 필요한 장롱 등 가구의 수요가 많았다. 그 후 큰동서의 자녀들이 부여로 모여들었고 막내 임백순 동서도 우리 집에서 기숙하며 부여 군청 임시직에 다니면서 경험을 쌓고 있었다. 이렇게 서로 상조하면서 지내고 있을 때 어느 날 상상조차 할 수 없는 비극이 닥쳐왔느니 그야말로 운명은 야속하였다. 몇 해 전 부여국민학교에서 대전중학교에 입학하고 이어서 대전고등학교에 진학한 큰아들 성희가 별안간 학업을 그만둔 채 행방불명이 되었단 급보가 왔다. 우리 내외는 이 청천벽력과 같은 소식을 듣고 혼비백산하여 백방 수소문했으나 도무지 행방을 알 수가 없었다. 애타게 소식을 기다리고 있는데 성희가 경남 해안에 갔다는 풍문을 듣고 실신한 사람처럼 우리 내외는 대구를 거쳐 진주에 다다랐을 때 어느 사람의 말이 그러한 학생을 본 적이 있다는 말을 듣고 인근 일대를 뒤졌으나 그 이상의 진전을 얻을 수가 없어 하는 수 없이 부여집으로 돌아왔다.

그런데 며칠 후에 성희가 대전으로 돌아왔다는 말을 듣고 부랴부랴 단신으로 대전 하숙집에 가니 과연 성희가 야윈 모습으로 와 있었다. 절을 하면서 "다시는 그러하지 않겠습니다"라고 사죄하기에 "다시는 그런 일 하지 말고 학업에 전념하라"고 타이르고 집에 데려왔는데 그것이 잘못이었다. 휴학을 시켜서라도 큰병원에 가서 정신감정을 받았어야 했다. 그 후 어느 날 지리산 인근의 파출소에서 사망소식을 전해 왔는데 참으로 운명의 장난도 야속했다. '내가 중학 교육을 제대로 못 받아 아들로 하여금 한을 풀고자 하였는데 이것이 어쩐 일인가' 하고 혈루를 삼켰다. 다음날 강경 처고모부님과 셋째 동서가 같이 내려가 시신을 수습하여 안장하고 돌아왔다. 이는 우리에게는 죽은 후에도 잊지 못할 크나큰 비극이었다.

나는 후일 한시 한 수를 읊어 고혼을 위로해주었다.

장자성희 등천우지이산
長子成熙 登天于智異山

원모횡교지미평 불고은정기선경
遠謨黌校志靡平하여 不顧恩情豈仙京가

부간우구기옥제 모년장수고명유
父艱憂懼祈玉帝오 母年長壽告冥幽라

장자 성희가 지리산에서 등천하다.
먼 날을 도모하던 학교에 뜻이 편치 못하다 하여
은혜로운 정을 돌아보지 않고 어찌 하늘나라 갔는가.

아버지 액운을 근심하여 옥황상제에게 빌고
어머니 오래 사시기 위해 저 저승에 아뢰었는가.

나는 그 애가 우리 둘의 액운을 짐작하고 이를 미연에 방지하기 위하여 살신성인하였다는 것을 적이 알고 있다. 그렇지 않고서야 어떻게 그런 일이 있겠는가? 그 후 부여 보리사에서 해마다 제사를 지내고 서울 도선사에서 연등을 켜 명복을 빌어주고 있다.

나는 그때 30세로 10년 전에 강남옥 도사님이 예언하신 대로 30에 뜻을 세우고 집을 장만하여 자립하게 되었던 것이다. 나는 또 한 가지 추억이 떠올랐다. 그 당시 큰동서가 목공소를 경영할 때 두 명의 초등학교를 갓 나온 아이들을 데려다 목공일을 배우게 한 일이 있었다. 청양에서 온 종성이와 부여읍 석목리에서 온 김주세였다. 이들은 우리 집에서 기식하면서 6년간 지냈는데 초등학교에 입학한 우리 성희를 늘 귀여워하고 보살펴주던 친한 아이들이었다.

그런데 내가 부여를 떠난 후 소식이 없다가 2011년 부여에 내려갔을 때 옛날이 그리워 주세를 수소문하다가 전화번호를 알게 되어 만나게 되었다. 그는 목공소를 나온 후 1979년 52세 때에 우연히 ㈜대우개발이 수주한 북아프리카 리비아공화국의 건축공사의 세공기술자 공모에 응시했는데 합격하여 현지로 떠났다고 했다. 그곳에서 열과 성의를 다해 3년 동안 일해 큰돈을 벌어 귀국해서는 소규모 건설회사를 차려 단독주택 · 빌라 · 상가 등을 지어 사업을 키웠다고 했다. 그리고 종성이는 행방을 모르고 자신의 나이는 70이라고 하였다. 그러니 60년이 지났다는 이야기였다.

그러면서 나를 친부모같이 대하며 융숭하게 대접을 했다. 또 아내의 사망 소식을 듣고 슬퍼하는 것을 보고는 '과연 의로운 사람이구나' 하고 생각하며 돌아간 아내와 성희가 떠올라 눈시울이 뜨거워짐을 느꼈다.

㉘ 1958년 10월 31일 강경상업고등학교로 전근 가다

강경상고는 역사가 오래된 명문학교로 전국적으로 가장 많은 졸업생들이 은행과 회사 등에 취직하고 있을 때였다. 나는 이러한 명문학교에 오게 된 것을 내심 영광으로 여겨왔다. 그런데 사무를 인수하고 보니 엄청난 현금부채가 있음을 알고는 어찌할 바를 몰랐다. 변 교장 선생님도 처음 아셨는지 당황해 하시면서 "학교의 전통이나 역사를 보더라도 두 분이 조속히 수습해 주시오"라고 간청하셨다. 당시의 풍조로는 다소의 현금부채는 후임자가 덮어주는 것이 상례였다. 그러나 이것은 다소가 아니라 수십 배의 거금이었기 때문에 아무리 명경리라 해도 속수무책일 수밖에 도리가 없었다. 그러나 후임으로 오신 조 과장님과 나는 상의 끝에 수습하는 쪽으로 가닥을 잡았다.

다음날부터 나는 학교 앞에 하숙을 정하고 밤낮없이 고심 끝에 2년 만에 감격적인 종결을 보게 되었는데 이것은 신이 도우신 일이었다. 그런데 어느 날 강경 조흥은행 지점에서 연락이 왔는데 내용인즉 신임 정종원 은행장께서 전남북 초도순시 귀경길에 오시니 대기하라는 전갈이었다. 그러나 서울에 급한 일이 생겨 최 대리 편에 봉투를 보낸다는 두 번째 연락이 왔다. 그날 오후 최 대리를 만났더니 은행장님이 하명한 봉투를 주었다. 개봉해보니 현금 일백만 원이 들어 있었다. 이는 지난날 평남 순천 시절의 노고에 대한 하사금인 듯했다. 나는 감격해 집에 돌아와 아내에게 건네주면서 자세한 말을 하였다. 참으로 옛 상사인 정 은행장님은 나의 잊지 못할 운명의 은인이셨다.

㉙ 1961년 8월 16일부터 강경중·부석중을 거쳐 보령군 교육과로 전근 가다

강경은 금강 중류에 있는 상업도시로 그때만 해도 군산·장항에서 올라오는 어선 때문에 꽤 번창했다. 학교에 부임한 지 얼마 후 사친회 담당 윤 선생이 나를 동정해 손아래 동서인 충남도청 인사계장인 조성재 씨에게 간청한 덕분으로 재경주사보로 승진과 동시 서산 부석중학교로 전근 가게 되었다. 나는 지금도 그 윤 선생님의 은정을 잊을 수가 없다. 또 그것은 나의 전임 학교에서의 과도한 노고에 대한 신의 은총이 아닌가 하고 생각하기도 했다. 부석중학교에서 서무행정을 깨끗이 바로잡은 1년 후인 1962년 9월 10일 보령군 교육과 경리계장으로 다시 전근되었다.

그때는 바야흐로 5·16군사혁명 직후라 사회 전반이 긴장될 때였지만 김 군수님이 후덕하셨고 직속상관인 윤 과장님 또한 친절하셨기 때문에 종전의 여러 직장보다는 안정을 느껴 경리 실무에 정확을 기하고 또한 각 초등학교의 경리담당 교사에 대한 경리 실무 향상을 지도해 호평을 받았다.

그런데 어느 날 어머님이 돌아가셨다는 비보를 받고 달려갔다. 과연 어머님은 이미 돌아가시었고 편안히 잠들어 계셨다. '세상에 아들이 여기저기 떠돌아 다니는 사이에 돌아가시다니' 한없이 오열했다. 초상범절을 치른 후 뒷산 선영에 장사 지내면서 하염없는 눈물을 흘리며 '어머님의 지극한 자애로운 은총은 후일에 기필코 보답하리다'고 굳게 다짐하며 돌아왔다. 그 후 부여로 발령해 주었다.

㉚ 1963년 4월 18일 부여여자중학교로 전근 가다

부여는 유서 깊은 곳이다. 그 옛날 백제의 삼천 궁녀가 낙화암에서 물에 빠져 죽었다는 고사를 보더라도 짐작할 수 있다. 국치망국에 오죽했으면 그러했으랴. 지금까지도 길을 가는 나그네 중에는 눈물을 적시는 이가 있다. 나는 이곳에 와서 천금 같은 아들을 잃어버렸다. 그래서 이곳에서 이주하지 못하고 있는 것이다. 그것은 그 애의 죽음을 잊을 수 없어 길이 명복을 빌기 위해서였다. 그래서 오늘 다시 돌아오게 된 것을 한없이 감회 깊게 생각했다.

나는 이 학교에 와서 비교적 평안하게 지냈으나 어느 날 시비에 휩쓸리는 불의의 악재를 만나게 되었다. 그것은 작년 교사 증축공사를 발주해 금년 말이면 준공예정이었는데 불행하게도 시공업자가 부도를 내고 말았다. 그러니 그동안 노임을 받지 못하고 있던 많은 인부들이 한결같이 노임을 달라고 아우성을 쳤다. 그래서 교장 선생님과 상의 끝에 그 밀린 노임을 전액 직불해주었다. 그런데 이번에는 채권자 측에서 불법이라고 항의하면서 대전지방법원에 소송을 제기해왔다. 이에 맞서 학교 측도 변호사를 선임해 맞대응했다. 공판이 5~6개월 경과 후 법원은 다행히 우리 측의 손을 들어주고 채권자 측도 자신이 없는지 항고를 포기해 사건은 완전히 마무리되고 공사도 다른 업자를 선정해 준공을 보았다. 이 광경을 본 도교육청도 혀를 내둘렀다고 한다. 이때의 교장은 서상은 님이셨다.

이 학교는 설립 초기여서 학교 정원이나 후원이 살풍경해서 나무를 많이 심기로 했다. 비록 "지금은 회초리만한 나무를 심더라도 50년 60년 후에는 아름드리가 될 것이다"라고 말했는데 후일에 보니 심은 나무들이 성장하여 장관을 이루고 있었다.

㉛ 1965년 8월 1일 부여군 교육청 관리과로 전근 가다

학교 행정의 단조로움에서 지방자치의 초기 단계인 부여군 교육청에 들어와 경리계장을 맡고 보니 그 책임이 무겁고 또 크다는 것을 실감했다. 연례행사지만 예산안을 편성하여 도교육위원회(문정과)의 승인을 얻는 것이 가장 큰 것이고 그 승인된 예산을 집행하는 것이 경리계장의 주 임무였다. 매일 업무가 산적되어 그 처리에 편안한 날이 없었지만 다행히 그때 나이 30대 후반으로 큰 어려움은 없었다.

㉜ 1967년 8월 1일 논산중학교에서 구본석 문교부 재정과장을 만나다

나는 부여군 교육청 경리계장을 지내다 1년 만에 재경주사로 1계급 승진하면서 논산중학교 서무주임으로 부임하게 되었다. 그런데 여기에 오기까지는 김보성 관리국장님의 배려가 많으셨다.

당시 논산중학교는 노후교실이 5개나 있어 수업상 위험을 안고 있었다. 그래서 전임 서무주임 때부터 노력했으나 효과를 보지 못하고 있을 때였다. 어느 날 전화벨이 울려 받아보니 “나는 문교부에 있는 구본석 과장이요”라고 하기에 “바로 모시러 가겠습니다”고 대답한 후 논산역으로 달려가 바로 모시고 돌아왔다. 그때 과장님은 상당히 피로한 기색이여서 바로 교장실에 모시고 교장 선생님과 수인사를 나누시게 하였다. 사연을 들어보니 전남 광주에 가야하는데 도중에 여비가 바닥났다는 것이다. 그래서 서둘러 용돈을 넉넉히 마련해드리고 학교 교실문제도 부탁드렸다. 그 후 단독으로 과장님을 두어 번 찾아가 뵈었더니 친절히 대해주시고 교실 건축자금인 특별교부금도 그 해 하반기에 책정되어서 이듬해 봄에는 공사를 시작하게 되었다.

나는 이렇게 소리없이 이어지는 운명을 처음으로 겪었다. 이와 같이 정든 학교를 떠나 다음해에 천안시 교육청 관리과장으로 보직되었다.

이때가 나의 나이 40세로 헤매지 않고 결단력 있는 불혹의 나이로 교육행정의 중견 간부직에 있던 때였다. 해방 후 강남옥 도사의 예언과 꼭 들어맞는 기연이었다.

㉝ 1969년 9월 1일 부여군 교육청 관리과장으로 전보되다

재정과 환경이 빈약한 천안시 교육청에서 고생하다가 돌아온 나는 어느덧 기력을 회복하고 업무에 주력하기 시작했다.

그때의 당면 과제는 공공도서관 즉 군립도서관의 건립이었다. 당시 도서관 시설은 대전에 한밭도서관이 있을 뿐 여타 시군에는 없을 때였다. 타 시군에 앞서 건립하는 것도 의미 있다고 생각하여 바로 추진하기 시작했다.

교육청사 후면 약 200평 대지를 물색하여 도교육위원회에 건립신청을 낸 후 2개월 후에 예산배정이 내려왔다. 이때부터 시설계에 지시하여 대전도서관을 모델로 현실에 맞게 설계한 후 다음해에 입찰 후 공사에 착수했다.

공사가 중반에 이르렀을 때 개관에 따른 비품과 업무용 차량을 구입하고 또 도서 구입에 필요한 도서 목록을 당시 국립도서관장이신 구 관장님께 말씀드려 선정받은 후 200만 원 정도의 각종 도서를 입찰을 통해 구입하고 임시직원 3~4명을 채용해 대망의 군립도서관을 개관하게 되었다. 이로써 부여 군립도서관은 충남에서 두 번째로 공립도서관이 되었다.

㉞ 1972년 10월 1일 일시 후퇴의 시기를 맞이하다

1972년 10월 1일 뜻밖에 본청 관리국 사회교육계장으로 발령되어 즉시 부임했다. 나는 이 인사가 나의 장래를 짓밟은 인사라고는 생각하지 않았다. 조 교육감님이 임기만료로 사임하고 군인출신 관리국장이 전근간 후가 문제였다. 전임자들은 아래 직원을 자애로써 대했는데 후임자들은 그러하지 않았다. 오히려 나를 전에 근무하던 부여여자중·고등학교에 좌천 발령했다. 나는 이럴 수가 있느냐며 절치부심하며 부여로 내려갔다. 아무리 생각해도 이 야만적인 소굴에서 탈출해야겠다고 생각하며 행동을 시작했다. 우선 친지인 부여 조용선 국장의 조력으로 서울 전근을 모색하던 중 그때 마침 지면관계인 전 문교부 사회과장을 지내시던 부여 출신 민영기 과장님이 서울시 교육청 서무과장으로 취임해 나의 심정을 호소하였더니 기꺼이 받아들여 교육감님의 전입 결재를 얻은 후 충남교육감에게 동의 요청서를 보냈다. 다음날 대전에 내려가서 변 인사계장으로부터 동의서를 받아 저간의 수모를 되씹으며 제2의 인생을 위해 서울로 올라왔다. 나는 후일 돌아가신 민영기 과장님의 명복을 빌면서 다음과 같이 한시 한 수를 읊었다.

追憶(추억) 閔公永基鍾路館長(민공영기종로관장)

未遂行京惱西東(미수행경뇌서동)타가 令公恩誼速成同(영공은의속성동)이라.

忽看天際鴻雁去(홀간천제홍안거)하니 他日龍門報惠通(타일용문보혜통)이라.

서울 가기를 이루지 못하여 동서쪽으로 번뇌하다가
영공의 은의로 함께 빠르게 이루어졌네.
갑자기 하늘가에 기러기 날아가는 것 보이니
후일 출세해서 은혜를 크게 갚으리다.

㉟ 1974년 9월 1일 서울 종로도서관에 부임하다

서울교육위원회에서 임명장을 받고 종로도서관 서무과장으로 부임했다. 이 도서관은 규모는 크지 않았지만 역사가 오래되고 진귀본이 많은 유명한 도서관이었다.

며칠 있다가 부여에 내려가 식솔을 데리고 왔는데 주거지는 성북구 장위동으로 정하고 임시적으로 셋방을 얻었다. 그 해 봄에 3남이 부여중학교를 졸업해 배재고등학교를 지원하여 합격했고, 2남은 대전실업대학에서 중앙대학교 통계학과로 편입하였으며, 또 장녀는 한양대학교 한문학과에 입학하여 작년에 한양대학교 무역학과에 입학한 장남 준희를 합친 3남 1녀가 함께 살면서 학습하는 것을 보살펴 주었다.

이렇게 충남교육청에서 서울에 이르는 동안 무수한 시련을 던져주면서까지 희망의 안전지대로 인도하여주신 거룩한 운명의 신에게 경건한 감사의 묵례를 올렸다.

㊱ 1975년 7월 1일 도봉여중고를 거쳐 북부교육청 관리과로 전근가다

도봉여중은 참신하고 아름다운 학교였다. 교장 선생님도 그렇고 교감 선생님과 일반 선생들도 한결같이 온순하고 다정한 분들이었다. 서무직원은 말할 수 없이 온순하고 친절했다. 사친회 회계를 맡은 성 선생은 연로하면서도 업무에 열성적이었다. 나도 충남에서 몇 군데 여학교를 거쳤지만 이같이 분위기 좋은 학교는 처음이었다. 1년이 지난 어느 날 나는 생각지도 못한 기회를 만났으니 하나의 운명의 분기점이었다. 그것은 북부교육청 관리과로 발령이 난 것이다. 나는 아쉬운 마음으로 임지에 부임하였다.

나의 북부교육청 전근은 나의 희망이 아니라 뜻밖에 이루어졌다. 때마침 경리계장이 공석 중인데 적당한 인물이 없어 나의 전력을 보니 지방에서 경험이 있고 또 관내 중학교 종합감사 결과에서도 나의 성적이 우수해

결정했다는 후문이었다. 그 후 나는 덕망 높으신 구청장님의 후의에 감사하면서 맡은바 업무를 열과 성의를 다해 수행해 왔다.

그런데 어느 날 시교육위원회에서 나에게 3급 전형시험에 응시하라는 통지가 왔다. 3급 전형이란 현재는 직제가 5등급이지만 그 당시에는 3등급으로 분류되었기 때문이었다. 통지를 받고 아무런 준비도 없는 나로서는 당황했지만 일면 '물실호기'라 생각하고 그날부터 종로 2가에 있는 대명행정학원에 일과 후에 수강하기로 했다. '처음은 비록 어렵겠지만 참고 분발하면 언젠가는 결실할 날이 올 것이다'라고 생각했다. 학원에 물어보니 3개월 코스로 1차에 국사, 2차에 행정법·행정학을 강의한다는 것이었다.

그래서 전 과목을 수강하되 금년도에는 1차 합격을 목표로 삼았다. 어느덧 시험 날짜가 도래하여 총무처 시험장으로 갔다. 드디어 시험지가 나누어졌다. 첫째 시간에 국사, 둘째 시간에 행정법 · 행정학이 나왔다. 그런데 국사는 객관식 문제라 어느 정도 쓸 수 있었으나 행정법과 행정학은 주관식 문제라 쓸 수가 없었다. 그렇다고 백지로 내기에는 쑥스러워 생각나는 범위에서 써나갔다. 10일 후 시험성적이 발표되었는데 국사는 다행히 합격되었지만 여타과목은 불합격되었다.

나는 생각했다. '금년에 객관식 문제에 합격하였으니 내년 시험에는 주관식 문제만 합격하면 된다', 시험이란 '운도 필요하지만 더 중요한 것은 피눈물나는 노력에 달려 있는 것이다', 그래서 '온 힘을 다해 내년에는 기필코 합격하여 용문에 올라가자'라고 굳게 다짐했다.

그날부터 계속해서 일과 후면 학원에 직행했다. 한시라도 방심하면 안된다는 강박감 때문이었다. 다행히 1차 시험이 면제되어 중압감은 덜했지만 그러나 다른 수험생은 모두 대학졸업자인데 비해 나는 학력이 모자라 그들을 쫓아가기에는 어려운 처지였다. 그래서 매일 일과 후 빠짐없이 학원에 다녔다. 학습방법도 수강하면서 요점정리를 하는 등 쓰기 공부를 병행했다. 나는 몸이 고단할 때마다 옛날을 상기해 '나는 초등학교 때는 철봉으로 수련했고 논산 농업실수학교 때는 농사일로 수련했으며 평양의 황민도장에서는 굴토작업의 중노동으로 수련하였으니 이번에도 이를 거울삼아 만난을 극복하고 용문에 뛰어오르자'라 외치며 몸이 부서지도록 시험 공부에 열과 성의를 다했다. 어느 날 수험 통지에 따라 시험장으로 갔다. 시험지를 펼쳐보니 행정법 · 행정학 모두 평소 공부했던 문제였다. 나는 곧 시험지에 답안을 쓰고 성명을 기록하여 시험관에 제출한 후 그곳을 조용히 물러나왔다.

10여 일 후에 교육위원회로부터 합격소식이 전해왔다. 나는 오랜 숙원이 이루어져 매우 기뻤다. 그동안 나를 아껴주신 분들 모두에게 감사를 드렸다.

전형시험은 지방의 경우 1인 1석으로 과락만 면하면 대개 합격되었으나 서울시만은 그러하지 않았다. 대졸 응시자가 많기 때문에 자연적으로 경쟁현상이 나타나 과락을 면하고도 불합격되는 사례가 많았다. 따라서 응시자들은 몇 배의 노력이 필요했던 것이다.

사무관의 직위란 옛날 직제와 비교하면 대부행렬인 당상관이거나 지방의 현감과 비등한 자리로서 그다지 높지도 않고 낮지도 않는 요충에 위치한 자리였다. 그러나 고위직에 올라서려면 반드시 거쳐야 하는 관문이기도 했다. 나는 이러한 관문을 통과한 것을 무한한 영광으로 여기고 운명의 신에게 거듭 감사드렸다.

㊲ 1976년 5월 20일 관재과 관리계장으로 보직되다

마침내 영광스럽게도 본청 관재과 관리계장으로 보직돼 위로는 교육감·국장·과장을 보좌하고 아래로는 주사·주사보·서기·사무원 등을 거느리는 명실상부한 중간 간부가 되었다.

나는 25년간 정들었던 충남을 하직하고 서울로 올라왔다. 올라온 후에도 사무관 수험준비에 열중하느라 치아가 부서지는 곤경에 처하면서도 대학을 나온 동료들과 경쟁하여 월계관을 썼으니 무슨 한이나 두려움이 있으리요? 또 이번 인사에서 예하기관이 아닌 상급기관인 본청에 보직받은 것을 보람 있게 여겼다.

관리계의 임무는 교육용 시유재산과 국유재산의 실태를 파악해 유휴재산이 없도록 잘 관리하는 것인데 일정부분은 산하 교육구청이나 고등학교에 위임되고 있으나 매각이나 교환은 본청의 고유권한이었다. 그 당시 내가 재직할 때의 예를 들면, 동대문 근처의 덕수상업고등학교가 이전함에 따라 천일사가 매수해 계약이 완료되었고 또 한 가지 토지를 포함한 교사 매각이 있었는데 나의 뇌리에 망각증이 생겨 기억이 나지 않는다. 다만 희미한 기억은 '그 매각공사를 계약체결했다'는 것뿐이다.

그 후 어느 날 나는 예기치 못한 사건에 휘말렸는데 그것은 중앙정보부의 야간 불시감사에서 적발된 것이었다. 내용은 관리계 캐비넷 3개 중에서 한 개가 닫혀지지 않았다는 것이다. 그래서 나에게 책임을 지워 동대문 도서관으로 좌천했던 것이다. 나는 아무 말 없이 임지로 떠났다. 두 번째 만나는 최 관장님은 나를 위로해주셨다. 덕분에 50에 들어선 나에게 천명이 무엇인가를 깨닫게 하였다.

몇 달 후 또 하나의 사건이 전해왔는데 그것은 내가 관리계장으로 있을 당시 차석 주사였던 심모 친구가 매각공사 마무리 단계에서 비리에 연루되었다는 혐의로 사표를 냈다는 소식이었다. 나는 '이럴 수가, 그분은 대학 출신으로 가문도 좋고 경험이 풍부해 앞으로 유망한 분인데 이렇게 되다니 참으로 애석한 일이군'하고 하늘을 우러러보았다. 또 '내가 그 자리에 계속 있었더라면 어찌되었을까'라고 역으로 생각해보기도 했다.

㊳ 1978년 9월 1일 경기여자고등학교에서 구원의 손길이 오다

동대문도서관에 조용히 근무하던 어느 날 교육위원회로부터 경기여고로 발령되었다는 소식이 왔다. 나는 '처음 여기에 왔을 때는 시궁창에 떨어져 운신도 못할 줄 알았는데 이제 보니 그렇지만은 않구나. 천도는 무심하되 약자를 구원하는 은총도 베푸시는구나'라고 생각했다. 며칠 후 학교에 나가 임명장을 받고 새로운 마음으로 업무에 들어갔다.

이 학교는 당시 껄끄러운 일이 생겨 초비상사태에 있었다. 그러나 다행히 사태는 수습되었지만 교장 선생은 도의적 책임을 지고 인근 창덕여고로 전근 가셨다. 한편 생각해보니 교장 선생님은 내 처지를 동정해 여기까지 인도했는데 막상 이렇게 보답도 못한 채 이별하니 죄스러운 마음 금할 수 없었다. 몇 달 전 어느 사석에서 '박 과장도 이제 사무관이 되었으니 내가 만약 교육감이 되면 인사계장이라도 시켜 앞날을 열어주겠다'라고 말할 정도로 나에 대해서는 온정을 베풀었다.

새로 부임하시는 교장 선생은 현 교장님으로 비록 여성이지만 명문대학 출신으로 지덕을 겸비한 교육자로 정평이 나신 분이었다. 선생은 나를 보시고 친밀감을 나타내주셨다.

그 후 나는 무엇을 할 것인가를 곰곰이 구상했다. 그것은 첫째로 학교를 아름답게 꾸미는 일이고, 둘째로 서무행정의 내실을 다지는 것으로 특히 정기예금을 가능한 한 늘려 이자소득을 올리는 것으로 정했다. 다음날부터 학교 외부환경을 고용직 직원들의 의견을 들은 후 어두운 곳은 밝게 하고 누추한 곳은 페인트칠하듯 하나하나 고쳐나가고 정원수는 수종에 따라 다르지만 상록수 중 상나무는 특히 공을 들여 전문업자에게 전지를 시켜 아름답게 했다. 후일 나는 서울시 강남구 개포동 개포도서관에 가는 길목에서 서울 정동에서 이사 온 경기여고의 전경을 보았다. 수목은 자라서 장관을 이루고 요소에 있는 상나무는 전지로 단장해 7~8층의 아름다운 모습을 자랑하고 있었다. 나는 그리운 그 옛날을 회상하며 떠날 줄을 몰랐다. 세 번째는 '내가 이 명문학교에 있는 동안 나 자신을 위한 학문을 틈틈이 연찬해야 하겠는데 무엇으로 할까'에 대해 깊이 생각해본 결과 주역(周易)을 선택하기로 했다. 주역은 뜻이 광대해서 만물의 이치가 그 속에 들어 있지 않음이 없고 더욱이 일상생활에서 나타나는 인간의 길흉화복을 예측할 수 있기 때문이었다.

그러나 주역의 학습이란 험난의 연속이었다. 공자께서도 '주역의 가죽 표지가 세 번이나 끊어졌다'라는 말과 같이 어려웠는데 하물며 '나같이 비천한 사람이 어찌 험난하지 않겠는가'라고 생각하며 그 험난의 연유를 규명했는데 '험난이란 문리(文理)'라는 결론을 얻었다. 문리 없는 주역 학습이란 모래 위의 성과 같다고 생각했다.

그날부터 나는 본문인 첫 번째 건위천괘로부터 마지막 화수미제괘까지 64괘 384효를 순차적으로 암송하되 원문 전체를 자유자재로 이해될 때까지 계속하기로 굳게 다짐하였다. 암송시간은 상하교 버스 안이나 길을 걸을 때였다.

㊴ 1980년 11월 1일 경복고등학교로 전근 가다

경복고등학교는 역사가 긴 명문학교로 명성이 자자한 학교였다. 나는 학교 환경을 깔끔히 정비하고 서무행정을 쇄신하여 학생수업이 원활하게 진행되도록 적절한 지원책을 강구하기로 했다.

어느 날 교사를 순찰하던 중에 창고 밑바닥에 떨어진 낡은 서적 한 권을 발견했다. 이 책은 일본 동경대학 교수 야마구치 샤쇼(山口察常)가 쓴 「역의 근거와 응용」으로 당시 일본에서는 명저의 반열에 들어가는 양서였다.

이 책을 훑어보니 여러 군데 일본어 사투리가 섞여 애매한 곳도 더러 있었지만 전체적 맥락에서는 우리나라의 번역판보다는 무게와 깊이가 훨씬 깊다고 자평했다. 나는 이 책이 우연히 들어온 것을 기적이며 인연이라고 생각하며 '내 이 책에 의해서 주역의 문에 일보 전진하리라'고 다짐했다.

학교에 부임한 지 3개월 후에 '이웃학교에서 들은 바에 의하면 창덕여고에 전근 가신 구본석 교장이 교육감 후보에 오른 모양이더라'라는 말을 듣고 근원지학교에 물어보았더니 사실이라고 말해왔다. 그래서 나는 '구 교장님과는 지면인 동시에 은혜도 자주 입은 관계여서 도와드려야 할 터인데 무슨 방법은 없을까' 하고 여러 모로 궁리해보았으나 아무런 방법도 떠오르지 않고 다만 정신면에서 불력(佛力)을 얻는 방법으로 예불(禮佛)하는 것이 좋다고 생각되어 그 길을 택했다.

다음날부터 방과 후 견지동 조계사에 들려 하루에 한 번 50배씩 20일간을 목표로 예불에 성심을 다했다. 조계사는 조계종의 본산답게 웅장하고 각계각층의 참배객으로 인산인해를 이루어 자비의 힘이 얼마나 큰지를 실감했다. 하루 이틀이 지나 마침내 20일 되던 날 밤 나는 꿈을 꾸었다. '절 안마당에서 나를 보고 걸어오던 건장한 무사가 느닷없이 화살 한 개를 겨냥해 나의 목에 쏘았다.' 나는 기절초풍해 쓰러지며 깼는데 그것이 일장의 꿈이었고 또한 신비스런 길몽이었다. 그 후 구본석 교장님은 교육감에 임명되었다.

㊵ 1982년 1월 19일 마포도서관장으로 전근 가다

나는 마포도서관장으로 부임한 후에 앞으로의 운명이 어떻게 전개될지에 관심을 가졌다. 실제로 기대를 걸었던 것이 사실이었지만 그렇다고 청탁을 하는 일은 없었고 그저 인간적인 배려만을 바랄 뿐이었다. 그러나 당초의 기대는 빗나갔다.

나는 1983년 추석 전날에 장충단공원 옆 고 정종원 은행장님 저택을 찾아갔다. 초인종을 눌렀더니 사모님이 나오셨다. 이미 70이 넘으신 노부인께서 아직도 정정하시고 웃으시면서 나오시는 것을 보고 한없이 기뻤다. 큰 절을 올리고 약소한 예물을 올렸다. 그러면서 옛날 평남 순천에서 돌보아주신 은혜 그리고 해방 후 남하한 후 대전시청에 취직시켜준 은혜 또한 돈봉투까지 하사하셨던 은혜 등을 상기하면서 내오신 차를 마시고 하직인사를 올렸다. 이것이 태산 같은 사모님 양위분에 대한 마지막 인사였다.

㊶ 구로도서관장으로 전근 가다

나는 마포도서관을 떠나 강서 · 도봉 · 구로도서관을 전전하는 과정에서 '더 이상 서기관 승진기회는 없다'고 자인하고 '명예롭게 퇴직하여 저작사업에 전념하자'라 결심하고 사직서를 냈다. 그 후 몇 달이 지나도록 소식이 없다가 그해 12월 중순 본청 인사담당 직원이 와서 사표 번의를 요청하기에 거절하였더니 공적 조사만 작성해 돌아갔다.

1986년 12월 30일 정년퇴임 날에 함께 공로퇴직을 했는데 그 자리에서 녹조근정훈장을 받았다. 공직생활 37년 1개월을 마감한 날이었다.

식장을 물러나면서 '내 비록 공직에서 뜻을 이루지 못하고 떠나지만 인생 자체를 마감한 것은 아니다. 앞으로 서점계에서 활동할 수 있고 저작이나 출판계에서도 여생을 즐길 수 있다. 이미 연마한 한문 실력이나 경기여고 재직시부터 익혀온 주역 암송이 얼마 있으면 1,000독은 넘을 것인즉 거기에서 얻은 문리(文理)력에 의하여 한문이나 한시를 번역하여 출판하거나 역점(易占)의 방법을 저술하여 세상에 내놓으면 그것이 나로 하여금 영생하는 길이다. 관직 생활은 일시적인 것에 불과하지만 학문저서는 영구보존되기 때문이다'라고 새로운 결의를 굳게 하였다.

나는 청사를 나오면서 청사에 묵례를 하면서 '그리운 서울시교육청사여! 안강하시라! 그리고 친애하는 본청 및 산하기관 동지 여러분도 부디 평강하시라! 내 먼 훗날 뜻을 이루어 다시 오리이다'를 연호했다. 그로부터 서울시교육위원회와의 왕래는 일체 두절한 채 나의 갈 길만 가고 있다.

나는 그 후 30년 만에 서울시교육청 인사계를 방문했다. 그것은 일평생의 자서전을 쓰고 있는데 연대가 불분명해 경력증명서를 발급받기 위해서였다. 그때 우연히 내가 떠난 지 얼마 후에 최 교육감이 구속 파직되고 구 교육감이 자퇴 후 별세하셨다는 소식을 들었다. 나는 '그렇게 영예를 누리던 분들이 어떻게 이리 되었는고?'하고 탄식했다.

옛날부터 이에 대한 우화가 전해오고 있다. 그것은 '새옹지마'란 문구로서 '이(利)가 손(損)이 되고 복(福)이 화(禍)가 되어 인간의 길흉화복은 예측할 수 없다'는 것을 비유한 말이다. 그래서 성인은 '50세가 되면 수양을 쌓아 길흉화복을 스스로 깨우쳐야 한다'고 하였는데 이분들은 왜 '잠시의 불찰로 불행을 자초하였는고'라고 부르짖으며 처량한 마음을 금할 수 없었다.

(라) 노년시대

㊷ 1988년 2월 25일 중앙서림을 개업하다

집으로 돌아온 나는 주역 암송에 박차를 가했지만 마음속에 일말의 불안은 가시지 못했다. 그것은 '직장에 있을 때는 한 달마다 월급봉투라는 선물이 있었지만 이제 그런 것도 없으니 자연히 의기가 소침되고 열등감이 생길지도 모르니 이에 대한 자구책이 있어야겠다'고 생각하던 차에 언뜻 떠오르는 것이 '서점'이었다. 서점을 경영하려면 첫째가 책의 공급이고 둘째가 점포의 확보인데 전자는 초등학교 동기 동창인 교학사 양철우 사장에게 부탁하고 후자는 오주중학교 인근의 빈 점포를 임대해야 했다. 그런데 양철우 사장에게 부탁한바 쾌히 승낙하여 교학사 학생참고서는 직속총판인 오금동 총판에 부탁하고 여타 참고서는 교학사 총판으로 하여금 대리부탁해주겠다는 다짐을 받았다. 그리고 점포는 오주중학교 전면에 비어 있는 3칸 짜리 점포가 때마침 있어 서둘러 보증금 일부에 월세제로 계약했고 단행본은 종로 5가의 진명서적과 한국출판협동조합을 선정하기로 했다. 상호를 '중앙서림'으로 하고 송파세무서에 신고하여 영업감찰을 받았다. 이로부터 각종서적을 신설 서가에 진열한 다음 2월 25일에 문을 열고 영업을 시작했다.

서점은 나와 아내 그리고 큰며느리 3명이 운영했다. 그 후 성심껏 노력한 보람으로 9년간에 걸쳐 적지않은 수익을 올렸는데 이것이 나의 마지막 황금기였다. 그러나 호사다마라더니 9년째 되던 해에 서점계에는 예고 없이 한파가 몰려왔으니 그것은 철통 같았던 정찰제가 할인제에 밀려날 위기에 처해 있었기 때문이었다. 정찰제를 살려보려고 무진 애를 썼지만 역부족으로 드디어 무너지니 영세서점들은 벌써 월세조차 못내는 형국이라 폐업이 속출했다. 나도 더 이상 버티는 것은 무익하다고 생각되어 재고서적을 모두 반품처리 후 폐업절차를 밟았다. 이로써 9년간의 추억을 남긴 채 노년시대에 접어들게 되었다. 이것은 다분히 운명의 신이 새로운 길을 열어주신 것 같았다.

㊸ 1999년 5월 7일 아내가 천국으로 떠나다

아내(이양녀, 李良女)는 1년 전에 부여집에 내려갔다가 돌연히 불맥증세가 발생해 논산병원에 입원했는데, 큰병원으로 가라고 해서 구급차를 이용해 서울에 있는 당시 중앙병원에 입원해 응급치료와 정밀검사를 받으면서 치료하다가 약 2개월 후에 퇴원해 송파구 오금동 자택에 돌아왔다.

다음해 7월경에 나는 아내를 데리고 소풍 겸 땀을 식히기 위해 앞편에 있는 오금공원에 갔었다. 이 공원은 송림이 우거지고 의자가 설치되어 있어 휴식하기에 매우 알맞았다. 더욱이 송림 그늘에서는 매미들과 새들의 울음소리가 처량하게 들려왔다. 그 소리는 마치 울었다가 그치고 그쳤다가 다시 울어대는 합주곡처럼 들렸다. 옆쪽을 보니 송림 그늘 아래에서 할머니들 여러 명이 원을 그리며 둥실둥실 춤을 추며 돌고 있었다. 아마도 일종의 체력운동을 하는 것 같았다. 아내도 마음에 들었는지 그들과 합류해 몇 바퀴를 돌았다. 그런데 생에 애착을 느끼며 돌던 아내가 기진맥진하여 힘없이 쓰러졌다. 나는 정신없이 달려갔고 노인들도 모여들었다. 아내는 정신을 잃은 채 창백한 얼굴로 누워 있었다. 나는 공원 사무실에 달려가 중앙병원에 전화를 걸었더니 잠시 후 구급차가 와서 응급실에 입원시켰다. 아이들도 달려와 어머니를 간호했다.

며칠 후에 정신을 차리자 주치의가 "환자분은 노인병으로 더 이상 치유시킬 방법이 없으니 퇴원해서 조리나 잘 시키십시오"라고 단언적으로 말했다. 나는 이 말을 듣고 '그러면 며칠 전 송림 그늘에서의 매미소리와 새들의 울음소리가 아내에 대한 마지막 장송곡이었구나' 하고 하염없이 눈물을 흘렸다.

집에 돌아온 아내는 말수도 적어지고 정담도 하지 않았다. 그저 시키는 대로 따를 뿐이었다. 나는 아내가 몹시 불쌍해 어떻게든 수명을 연장해 주고자 했다. 혹시나 한의로 치유하는 방법이 없을까 하고 유명한 침술가를 차례로 추심해 치료를 받았지만 효과를 보지 못했다. 그러던 어느 날 아내가 목욕을 한다 하기에 큰대야에 물을 부어 안방에서 목욕을 깨끗이 시켰다. 그런 후에 무아지경으로 앉은 자세에서 아무런 미련이나 유언 한마디 없이 고개를 떨구었다. 아무리 울부짖고 흔들어도 반응 없이 영면한 것이다. 슬픔을 간직한 채 구급차를 몰아 중앙병원으로 달려갔다.

아내는 정숙하고 적극적인 여성이었다. 남편인 나에 대한 보살핌은 물론 자식들의 학업성취에도 온 힘을 경주했다. 나는 3남 1녀를 사립대학에 보냈는데 많은 학자금이 들었지만 아내의 사설계에 의한 수익으로 충당하였다. 그 당시에는 사설계가 관습처럼 여겨졌다. 이렇게 아내의 힘으로 여러 명의 자식들을 가르치는데 소요되는 학자금을 충분히 마련할 수 있었다.

또 아내는 부모님에 대한 효심이 남달리 지극했다. 어머님께서 돌아가시고 아버님 홀로 살아계실 때 충남 논산군 상월면 대명리 2구 국사봉 아래에 계신 시아버님을 모시고 올라와 고궁명소는 물론 멀리 63빌딩과 남산 조망대를 거쳐 방송국 · 극장 · 경기장 등 명소를 두루 안내해 구경시켜 드렸으니 지금처럼 시아버지를 각박하게 여기는 세태에서는 찾아보기 힘든 효성이었다. 나는 아내의 이와 같은 효심을 회상하며 60년 전 논산농업실수학교 시절 어머님이 음식을 담은 광주리를 이시고 사랑스런 자식을 보러 오신 일, 또 10여 년 전에 아버님이 서울에 오셔서 며느리의 안내를 받으며 마지막 서울 구경을 하신 일 등이 떠올라 눈물을 흘렸다. 나는 그 시절을 회고하며 한시 한 수를 읊어 두 분의 명복을 빌고 빌었다.

육남생육 고로다 심사분향 우축가
六男生育 苦勞多요 尋寺芬香 又祝家라

선조봉승 유일념 시인구휼 진친화
先祖奉承 唯一念이니 施仁救恤 盡親和로다

여섯 아들을 키우는데 수고 많으시고
절을 찾아 분향하시며 또 집에서 빌었네.
조상을 받드심을 오죽한 마음으로 하시고
사랑을 베풀어 친화함을 다하셨도다.

그리고 두 분께서 천당에 올라가신 후 '부디 영생하시고 우둔한 자손들을 가호하여 주십시오'라고 축원했다. 아버님은 휘(諱) 박명승(朴明承)이시고 어머님은 휘 김순이(金順伊)이셨다.

또 아내는 불교 명절에는 빠짐없이 도선사에 올라가 시댁과 친정 부모님의 만수무강을 축원하며 절을 올리고 아이들에게도 한결같이 축원했는데 그 절은 한두 번이 아니라 50배 100배로 극진하게 축원을 하였다. 그런지 우리 집안은 모두 무탈하게 지냈다.

한편 구급차가 중앙병원으로 들어가 검시를 한바 사망으로 확인돼 곧바로 영안실로 모셨다.

셋째 아들 박윤희는 1년 전 미국에서 박사학위를 받고 귀국 후 모교인 동국대학교 영어영문학과 부교수로 임명되어 근무하고 있었다. 급보에 접한 윤희는 달려와 그날부터 장의를 도맡았다. 내가 퇴직한 몸이라 아들인 대학교수가 장의를 도맡으니 아내의 영혼도 흐뭇했으리라 생각되었다. 가문의 친척과 학교의 문상객들이 줄을 이어 성대하게 치르었다. 3일장이 끝난 후 아내를 실은 영구차는 수원·천안·공주를 거쳐 마침내 계룡산 국사봉 아래 50여 년 전 결혼식을 올렸던 옛집 마당에 당도해 인근 조문객들의 조문을 받은 후 곧바로 1㎞ 지점의 선영에 이르러 소정의 예제를 올린 후 선친양위분의 묘소 아래 우측에 안장시켰다. 이로써 파란만장하고 우리 가문을 일으켰던 아내는 73세를 일기로 천국에 올라가 이승과의 연을 끊게 되었다.

그 후 나는 고인이 오랫동안 귀의했던 도선사를 찾아 49재를 올리고 집필 중인 「역의 근거와 응용」 초고를 영전에 펼쳐 '중생을 구제하는 도를 건겠노라'고 다짐하며 축원했다. 공개제삿날마다 가족들이 모여 함께 참배했고 최종제삿날에는 모두 모여 '고인이시여 아무쪼록 만수무강하소서'라고 축원하며 부처님과 관세음보살님께 각각 축원한 후 절을 내려왔다.

이때 나는 60여 년 전을 회상했다.

서울 창신동에서 강남옥 도사께서 하신 예언이었다. 그것은 '70대에 이르면 상처의 슬픔이 있을 것이다. 그리고 중매가 다시 오리라'라는 문구가 뇌리에 떠올랐다. 맞는 말이지만 중매가 다시 온다는 말은 거론하기조차 싫었다.

나는 훗날 '옛 처를 생각하다'라는 한시 한 구절을 읊었으니 다음과 같다.

평생연결국사양　　부진정분금수장
平生緣結國師陽하니 不盡情分錦水長이라
홀거상운유산거　　오호군서묘무광
忽遽祥雲流散去하니 嗚呼君逝渺無光이라

평생 인연을 국사봉 양지에 맺더니
끊없는 정분은 금강물처럼 길었도다.

갑자기 상서로운 구름이 흩어져 가니 슬프다.
그대의 죽음이 아득하여 빛이 없도다.

아내는 영특한 여장부였다. 그러므로 집안을 훌륭하게 다스리고 아이들도 성장시켰다. 특히 셋째 윤희는 옛 형 성희 못지않게 영준하여 동국대학교에서 교수로서 학장까지 하면서 가세가 궁색할 때마다 수시로 막아주어 마침내 나의 대를 잇도록 하였다. 그리고 아내는 천명을 알아차리고 망설이지 않고 목욕재계를 하여 이승을 떠나 천당에 있는 태산부군에 나아갈 채비를 하였던 것이다.

㊹ 2007년 8월 10일 고난의 병마를 극복하다

나는「역점의 표준예규」를 저작하면서 뜻하지 않은 병고를 만났다. 1년 전부터 식사 후 아랫배 우측에 쓰라림증세가 나타나 약국에 가서 약사가 조제하여 주는 약을 먹으면 곧잘 치유되어 그다지 위험한 증세는 아니라고 생각했다. 그런데 날이 갈수록 발생빈도가 잦아져 어느 날 서울 송파구 오금동 네거리에 있는 내과병원에 가서 건강상태를 검진하던 중 갑자기 통증이 발작하여 정신이 몽롱한 상태에 이르렀다.

다행히 병원 측에서 우리 집에 전화를 걸어 얼마 후 두 아들이 달려오고 곧바로 인근의 경찰병원에 입원했다. 그러나 응급검사결과 '좀 큰 병원에 가는 것이 좋겠다' 하여 다시 근거리에 있는 아산병원 응급실로 옮겼다. 그 후 5~6일 동안 치료와 검사를 병행하면서 병명을 포착하였는데

'췌장염'이라고 했다. 아직 암 단계는 아니고 초기 단계인 듯했다. 그 후 10여 일 후에 입원실이 생겨 입실하고 또 며칠 지나 수술날짜가 결정되어 생사를 가르는 수술을 받게 되었다. 주치의는 워낙 고명한 의사였기 때문에 어느 정도 안심은 되었다. 전신마취로 나는 무아의 경지였지만 수술이 끝난 후 "수술은 성공적으로 끝났습니다"라는 말을 어렴풋이 들을 수가 있었다. 수술은 췌장 전부를 통째로 드러내는 큰 규모였다.

나는 수술 후에 찍은 췌장 내부의 사진을 보았다. 사진에 아름다운 보석과 같은 꽃모양이 질서정연하게 아롱거려 마치 불교에서 말하는 사리를 연상했다. 그래서 '췌장은 사리를 담아 저장시키는 장의 기관이고 또 사리는 신앙의 상징으로 세세만대 유전되고 뿐만 아니라 사리를 보전하기 위해 장제 때는 반드시 화장을 한다'라는 여러 가지 사실을 알게 되었다. 그 후 병원 측의 치료로 상처는 아물어갔다.

당시 병간호는 둘째 아들 박종희와 마산에 사는 외손자 한승우가 도맡아 했다. 한 달이 되는 날 주치의 명에 따라 퇴원할 때 셋째 아들 박윤희가 600만 원의 입원비를 치렀다. 나는 떠나면서 주치의에게 재생의 은혜를 감사드리며 예를 올렸다. 그리고 태서의 신에게도 가호에 감사드리며 주역의 저술에 헌신할 것을 깊이 다짐했고 천국에 계신 조부모님 · 부모님 · 장모님 · 아내와 장자 성희에게도 감사함을 묵례로 대신하였다. 이때 나이 82세로 그 옛날 강남옥 도사가 예언한 '나이는 80의 장수를 누리고 돌아와 의지하는 사람들이 많을 것이다'라는 말이 회상되었다.

㊺ 2011년 5월 4일 국가유공자증서를 수여받다

지금부터 60년 전 나는 충남연산중학교 행정서기로 재직할 때 직장소집으로 논산 제2육군훈련소에 입대했다.

그때 내 나이 27세로 처자식이 있을 때였다. 갑작스런 일이라 당황했지만 국가의 소명을 어찌하랴? 당시의 전세는 국군과 UN군이 서울을 수복하고 북진을 계속하여 압록강에 도달하였다. 남북통일이 눈앞에 닥친 것이다. 그러나 중공군이 인해전술로 밀려와서 38선을 기점으로 한 요충지 점령이 치열한 때였다. 나는 그때 잠시 충격은 받았지만 60년이 지난 오늘에 와서는 오히려 6·25참전용사라는 큰 은총을 받게 되었으니 무상의 영광이 아닐 수 없다. 그 내용은 다음과 같다.

국가유공자증서

박 주 양

1927년 3월 18일생

우리 대한민국의 오늘은 국가유공자의 공헌과 희생 위에 이룩된 것이므로 이를 애국정신의 귀감으로써 항구적으로 기리기 위하여 이 증서를 드립니다.

2011년 5월 4일

대통령 이 명 박

㊻ 2013년 7월 11일 분당 서울대병원에서 피부암과 안과치료를 받다

피부과에서 2013년 7월 11일 치료를 시작했는데 조직검사결과 병명은 피부암으로 판정되고 귀밑머리 뒷부분에 가려움증이 생기는 병이었다. 그래서 7월 23일 마취주사 후 귀밑머리와 이마 위 두부에 있는 병균을 긁어내는 대수술 후 한 달에 한 번씩 검사치료하다가 2014년 1월 1일부터는 증상에 따라 검사 치료하기로 했다. 300만 원의 치료비는 셋째 윤희가 부담했다.

피부암 제거수술 후 극심한 시력저하 현상이 나타났는데 조직검사결과 망막증세로 나타나 20만 원짜리 주사를 세 번 놓아 약간은 호전되었으나 장기 요양이 요한다고 했다.

2014년 2월 11일 분당 서울대병원을 떠나 서울 명동에 있는 성모안과로 옮겼다. 그것은 성모안과가 다년간 다니던 병원이었고 또 최근에 망막증세 전문진료를 개시해 시간상으로도 그렇고 진료비가 월등하게 저렴하기 때문이었다.

㊼ 저작사업에 정진하다

나는 아내가 천국으로 떠난 후 한때 인생무상의 허탈감에 빠졌으나 곧 이성을 회복해 여생을 저작사업에 헌신하기로 하였다.

- 그로부터 12년간 각고의 노력 끝에 약력 저서란에 쓴 바와 같이 주역 관련 저서 6권을 출간하였다. 그것은 운명을 감정해보겠다는 의도에서였다.
- 근세기를 장식한 성암 박주철 선생의 「한시선(漢詩選)」을 출간하였다.

2006년 3월 초순 서울 장안평에 사는 질녀 박연희 집에 들려 마침 작고하신 큰형님이 쓰신 「성암집」을 접하게 되었다. 내용인즉 선생이 80세 이전에 읊은 주옥 같은 한시 626수였다.

내가 이 한시를 검토하는데 약 2년의 세월이 걸렸다. 그로부터 6수의 중복기재된 시구와 보조자들이 쓴 해설문 중 부자연스런 곳을 수정과 함께 평측고저를 표시하고 또 형님의 80세 이후 한시 63수를 추가번역하고 해석하는데 약 1년이 소요되었다. 그리고 2010년까지 「한시작법」을 저술해 한시 지침서로서의 면모를 갖추어서 곧바로 전체 원고를 키보드에 입력시키는데 총력을 경주해 2013년 9월 23일 인쇄를 맡겨 9월 30일 출간을 보았다.

이 책을 편찬하게 된 연유는 선생이 90평생을 통해 전국을 돌아다니면서 주옥 같은 한시로 미풍양속을 진작시켰을 뿐 아니라 충신열사와 열녀효행자들을 두루 칭찬하였고 또 전국 명승고적을 탐방해 인심을 순화시키고 수상기록도 장원을 비롯해 63회에 이르렀다. 따라서 문화재적으로도 이 「한시선」을 후세까지 전해야겠다는 결심을 하게 되었다. 그래서 전국 국립도서관 100개소를 선정해 1권씩 기증하였다.

이로써 암흑 속을 헤매던 선생의 불후의 명작 689수가 이제야 그 모습을 전국 100개 도서관에 나타내어 영구 보존이 가능해지고 아울러 편저자인 나도 형님 덕분으로 이 세상에 태어난 보람을 느끼며 영원히 이름을 남기게 되었다.

㊽ 2013년 11월 1일 호국영웅기장증을 받다

국가유공자증서에 이어 박근혜 대통령 시대에 들어와 한 차원 높은 호국영웅기장증을 받았는데 그 내용은 다음과 같다.

제 1113060711호

호국영웅기장증

성명 박 주 양

소속 및 계급 육군 일병

생년월일 1927. 3. 18

6·25전쟁 정전 60주년 호국영웅기장 수여규칙 제4조에 따라 위와 같이 6·25전쟁 정전 60주년 기념 호국영웅기장을 수여합니다.

2013년 11월 1일

국가보훈처장

호국영웅이란 나라를 지키기 위해 용감하게 전쟁터에 나가 싸워온 사람을 말하는 것으로써 6·25 참전 용사들이 국가의 위기를 구하고자 일어선데 대한 보답으로 칭호를 하사한 것이다. 그렇기 때문에 그 칭호를 소중히 간직하여 긍지와 보람을 느끼며 노후를 즐겁게 지내야 할 것이다. 현재 생존용사들은 해마다 감소 추세며, 보상수당은 점차 증액되리라 하니 부디 건강에 유의하여 조국의 영광을 오래 지켜볼 일이다.

나는 어릴 때 일제에 항의표시로 조선의 영웅을 선언했고 조선반도의 기이한 돌을 잃어버린 것을 죄책감으로 여겨왔는데 이제야 그 내막을 알게 되었다. 기장을 살펴보니 마치 그동안 잃어버렸던 조선반도가 좌측은 호국 우측은 영웅을 상징한 금빛찬란한 모습 같아 나로 하여금 80년 만에 잃어버린 옛날을 다시 되찾은 듯하여 감개가 무량하였다.

2014년 12월 31일은 갑오년 정월 초하루 설날이었다. 나는 아내의 제사상 지방에 '망실호국영웅유인 신위'라 적어 나라에서 하사한 은총이라는 것을 알려주었다.

만약 당시 연산중학교에서 입대하지 못하였더라면 이 조선반도의 상징은 영영 만나지 못하였을 것이 아닌가 하고 지난 세월을 다시 돌이켜보며 기이한 감회를 금치 못하였다.

㊾ 2014년 1월 15일 서울 문우회에 가입하다

나는 서울시 교육위원회에서 퇴임한 지 벌써 30년이 되지만 그동안 분주히 지내느라 퇴임자 단체인 서울 문우회에 가입하는 것을 까마득하게 잊고 있었다. 그러던 차에 지난 10일경에 자서전을 쓰는데 연대가 불분명해 서울시 교육청 총무과에 들려 경력증명서를 발급신청하고 옆 건물에 있는 서울특별시 문우회(이하 회라 칭한다)를 방문했을 때 사무국의 오창섭 총무와 수인사를 할 때 회원수첩 1권을 받아 펼쳐보니 지면 있는 분들이 약간 있었다. 그래서 나는 생각했다 '이제 내 나이 90이 촉박한데 그동안 사회에 다소나마 공헌하였고 자손들도 장성하여 사회에 진출했으니 이제 자서전을 쓰면서 문우회에 가입하여 옛 동료들의 생사확인과 근황을 살펴서 사는 날까지 서로 만나고 인사를 나누면 그 얼마나 좋으랴'고 결론짓고 1월 15일 때늦은 감은 있지만 입회를 결행하였다.

그런데 1986년 당시 동료였던 도서관장 멤버들은 아무도 보이지 않고 오직 수첩에 나타난 이종성 관장에게 전화를 걸어보니 90세 나이로 정신이 혼미한 상태라는 사실을 알게 되어 세월의 무상함을 새삼 생각하게 되었다.

⑸⓪ 2014년 1월 15일 장모님의 정렬을 추모하다

松竹丹心(송죽단심) 問幾年(문기년)고 抱負三女(포부삼녀) 轉凄然(전처연)하도다

萬歲享受(만세향수) 無量福(무량복)하리니 願結夫君(원결부군) 舊世緣(구세연)하소서

송죽같이 지성스런 마음 몇 해던고

세 여아를 안고 업는데 더욱 슬펐도다.

이제 오랫동안 한없는 복 받을지니

원하옵건대 부군과 옛날의 인연을 다시 맺으소서.

이는 한 많은 지난 세월을 회고하며 장인·장모님의 구원의 화합을 원하는 슬픈 구절이다. 평생 정숙하여 절조를 바꾸지 않는 것이 수절이니 효도에 다음가는 덕목으로 사람의 자식된 자 어찌 본받지 않으며 힘쓰지 않아도 되겠는가? 슬프다 현금의 세상이 혼란하여 강상이 무너지고 예의가 없어져 실제 행하는 이 드문데 오직 노성산 아래 논산시 상월면 신충리에 정렬부가 있으니 故高城李公(고고성이공) 휘 聖烈(성렬)의 配(배) 江陵金氏(강릉김씨) 휘 順伊(순이)라. 연약한 나이에 李門(이문)에 들어와 세 여아를 낳으니 첫째가 금옥이요, 둘째가 양녀요, 셋째가 영순이라. 금슬이 서로 좋아 장차 백년해로를 기약하더니 부군이 나이 32에 불행히 병이 생겨 백방 치료해도 백약이 무효해 세상을 떠나시니 그 슬픔을 어찌 감당하리오. 가슴이 막히고 눈물을 금할 수 없는지라 의당 순종이 마땅하지만 세 어린이가 있으니 이 몸 죽으면 누가 길러주리오. 여러 생각에 차마 순절하지 못하니 이 또한 애정에 의한 것이라 어찌 절개를 지킴에 손상되리오. 초종범절을 지내고 선산에 안장시키니 그 침통함을 어떻게 형언하리오. 33세의 꽃다운 나이에 정절의 마음을 종신토록 바꾸지 아니하여 어린아이들을 기르고 가문을 지키니 이 또

한 정렬이라. 행동이 얼음이나 옥과 같고 절조가 송죽과 같으니 뉘 감탄하지 않으리오. 외로운 몸으로 근검절약하여 생계를 보전하니 그 곤고함은 불언가지라.

만난을 극복하고 세 딸을 가르쳐 출가시킨 후 더 오래 사시지 못하고 92세를 일기로 한 많은 세상을 떠나시니 그 은혜는 참으로 무량하도다.

㊿ 2014년 1월 18일 캐나다 자손들이 찾아오다

캐나다에 사는 큰며느리와 큰손자 용진, 작은손자 세진이가 15년 만에 귀국했다. 용건은 며느리는 나와 친정어머니에게 인사차, 세진이는 결혼 상대자와 맞선차, 용진이는 작년 약혼녀와 상면차 함께 왔다고 했다. 나는 반가워 며느리의 손을 잡아주고 세진이 용진이와 포옹을 했다. 생전에 만날지 모르던 차에 이처럼 세 사람을 함께 만나 꿈과 같았다. 세진이는 후리후리한 키에 상냥한 모습이었다. 당초 헤어질 때는 섭섭했지만 이제 이렇게 대학을 나와 취직하여 상봉하게 되니 참으로 기쁜 일이 아닐 수 없다. 만난 곳은 잠실에 있는 식당이었는데 손자들은 나를 극진히 대접했다.

큰며느리는 작년 큰아버지 「한시선」 출판 찬조로 50만 원을 내놓았고, 세진이는 나의 용돈으로 50만 원을 통 크게 내놓았다.

㊾ 송덕비를 세우기로 하다

대명리 선산에 있는 조부모님 내외분·부모님 내외분 묘소와 신충리 선산에 있는 장모님 내외분의 묘소에 400만 원의 예산을 마련하여 보은하고자 송덕비를 세워 대대로 추모하기로 하였다.(부모님 송덕비는 종중공동으로 세우기로 함.)

⑤③ 2016년 8월 16일 운명의 수양녀(收養女)를 만나다.

현 송파도서관 선정희씨는 충북 옥천 출신으로 지난 30여년전 도봉도서관과 구로도서관장 시절 데리고 있던 천성이 순진한 여직원이였다. 그런데 정년 후 1914년에 재회 이래 나를 물심양면으로 보살펴 주어 마침내 영원한 수양딸의 인연을 맺었다. 수양딸이란 친딸은 아니지만 친딸 같이 여기는 옛 관습에서 나온말이다.

(2) 동양의 고금 5개국으로 본 사례

① 일본의 예

일본은 명치시대 노일전쟁과 청일전쟁 승리 후 그 여세를 몰아 동남아의 맹주자리를 노리는 턱없는 과욕으로 우리 조선제국의 국권을 무참하게 무력으로 찬탈해 세계 각국에 산재하였던 우리 애국지사들을 분기시켰다. 그래서 안중근 의사는 만주 하얼빈 역에서 국권찬탈의 원흉인 이등박문을 사살하고, 중국 상해의 홍구공원에서는 윤봉길 의사가 일본 천장절 축하식장에 폭탄을 던져 백천 대장 등 원흉을 죽이고 요인들에게 중상을 입혔다. 그럼에도 그 후 일본은 더욱 광분하여 중국대륙을 석권하고 더 나아가 미국의 하와이를 공습하여 미일전쟁이 발발했다.

그러나 일본은 제공권의 열세로 패전을 계속하다가 마침내 미국이 히로시마와 나가사키에 원자폭탄을 투하하자 그 기세등천하던 일본은 찍소리도 못하고 무조건 항복하고 말았다.

이와 같이 일본이 패망한 것은 운명을 거슬러 저지른 죄악이 너무 컸기 때문이다.

② 중국의 한(漢)나라 예

한고조는 한나라의 시조로서 성은 유, 이름은 방으로 패현 사람이다. 초나라의 항우를 해하에서 격파하고 제위에 올라 400여 년의 왕조를 창업하였다.

그는 어려서부터 어질고 의로워 장성하면서 이름이 퍼져 흠모해 모여드는 사람들이 많았다. 그중에서도 한고조를 섬긴 가장 뛰어난 공신 세 사람으로 소하, 장량, 한신을 들을 수 있다. 소하는 고조를 도와 한후가 되었고 한나라의 율령을 그가 주로 제정하였다. 장량은 자는 자방, 집안은 대대로 한(韓)나라 중신이었는데 한나라가 망하자 그 원수를 갚고자 박랑사에서 역사로 하여금 철퇴로 진시황을 치게 했으나 실패하였다. 후에 하비의 흙다리에서 황석공에게서 태공의 병서를 받아 한고조 유방의 모신이 되어 진나라를 멸망시키고 초나라를 평정하여 한업을 세우고 그 공로로 유후로 봉후되었다. 한신은 한고조의 대장으로 조·연·제 등을 차례로 공략하여 천하통일의 기초를 확립, 제왕으로 피봉되었으나 뒤에 초왕 회임후로 폄봉되고 마침내 여후와 소하의 모계로 잡혀 모반죄로 삼족이 모두 멸족되었다.

③ 중국의 진시황 시대 예

진시황은 진나라의 황제로 어려서부터 성질이 흉포했다고 한다. 그는 6국을 멸하여 천하를 통일하고 봉건제를 고쳐서 천하를 군현으로 나누었으며 흉노와 남월을 쳐서 강토를 넓힌 후 만리장성을 쌓았다. 또 책은 유해물이라고 해서 사서삼경을 모두 불살라버리고 선비들을 닥치는 대로 잡아 땅속에 묻어버렸다. 이때 화를 면한 것은 주역뿐이었다. 그것은 주역이 단순히 점서라고 인정하였기 때문이다.

그래서 이것을 '분서갱유'라 하는데 이는 책을 불사르고 유생들을 땅속에 던져 죽였다는 말이다. 춘추시대의 공자는 후세에 이런 일이 일어날 것을 예견하고 벽 속에 경서를 감추었다는 말도 전해오고 있는데 이를 공벽고문이라 했다. 후에 반고가 저술한 한서 공양왕 여전에 따르면 공왕이 집을 수리하는 것을 좋아하여 공자의 옛집을 허물어 그 집을 넓혀 고치고자 할 때 은은한 비파 소리를 듣고 감히 허물지 못하였다 한다.

이는 결론적으로 말하면 한고조는 착한 일을 많이 하였기 때문에 기나긴 400여 년의 왕조를 창업하게 된 것이고 또한 운명에 순응하였기 때문이었다. 반면 진시황은 착하지 못한 일을 많이 하여 단 2세 만에 6국을 평정하고서도 도리어 왕조를 허무하게 내주었으니 이는 운명에 거슬려 만행을 자행하였기 때문이었다.

이 항에서 유난히 부연설명이 길었던 것은 현대사회가 하루가 다르게 변해감에 비추어 지난날의 실상을 알려주어 후세 사람들로 하여금 온고지신(溫故知新)토록 하기 위함이었다.

④ 중국의 현대 예

중국은 태평양전쟁 후 사회주의로 변신해 출발했으나 천안문 사건 등 반항의 벽에 부딪히면서 등소평 주석에 이르러서 강력한 실용주의 노선으로 전환해 공자를 복권시키고 국교인 유교를 인정하게 되었다. 그 결과 경제는 급속히 신장하고 민생도 현저하게 향상되고 있는 추세다. 이는 구정치의 세습집권이 아니라 임기제인 순환선출이 주효했기 때문이었다고 말할 수 있다. 또 그것은 사회주의 노선이면서도 실용노선을 지향했기 때문에 경제대국의 반열에 따라가게 되었으니 이는 운명에 순응하였기 때문이다. 그러나 국제평화에 거슬려 사회주의에 몰두한다면 진시황의 전철을 면치 못할 것이다.

⑤ 북한의 예

북한군은 1950년 6월 25일 새벽 소련과 중공의 비호 아래 38선을 넘어 소련제 장갑차와 탱크를 앞세워 우리 대한민국의 영토를 무참하게 침공하여 왔다. 나는 1945년 9월 30일에 당시 평양에 진주한 소련제 장갑차와 탱크 행렬을 보면서 우려 섞인 말을 한 적이 있다.

북한군은 의정부와 미아리 고개를 넘어 서울로 들어와 광화문 중앙청(구조선 총독부) 옥상에 인공기를 꽂고 아군이 시간을 벌기 위해 한강 다리를 폭파한 며칠 간을 제외하고는 다시 대전을 거쳐 대구로 향해 일사천리로 진격을 거듭해 마침내 낙동강 UN군 교두보 지점까지 다다르게 되었다. 북한군은 부산 함락을 목전에 두고 자축하였겠지만 그것은 병법을 모르는 큰 오산이었다. 유도작전임을 까마득하게 몰랐던 것이다. 북한군은 병력을 계속 증강하며 총공세를 취했지만 UN군의 제공권 장악과 막강한 화력을 당할 수 없어 모두 낙동강 물귀신이 되는 신세가 되었다. 그것은 현대전에서는 제공권 없이는 이길 수 없다는 철칙을 모르는 북한군이었기 때문이다.

맥아더 장군은 이때를 놓치지 않고 인천 상륙작전을 감행해 적의 허를 찌름으로써 북한군은 우왕좌왕 퇴주로를 찾지 못하고 오직 백두대간을 통해 야간도주하는 궁색한 길을 택하게 되었다.

이렇게 북한은 천인공노할 만행으로 자기네 꽃다운 청춘병사 몇십만 명을 죽게 만들었고 우리 장병 역시 많은 사상자를 내게 했다. 그러나 전쟁이 끝난 후 우리나라는 수출증대로 비약적으로 경제발전을 이루어 세계 일류국가로 도약했으나 북한은 경제가 최악의 상황으로 떨어져 주민들을 기아에 허덕이게 만들었다.

결론적으로 말하면 우리나라는 평화수호 국가였기 때문에 경제가 눈부

시게 신장돼 세계 160개국 중 10위권에 진입하게 되었고 북한은 부도덕한 만행을 계속 저질렀기 때문에 오늘날 국토가 황폐화되고 경제가 파탄지경에 이르고 있으니 그것은 운명을 거슬렀기 때문이다.

따라서 북한은 야욕을 버리고 조물주가 기대하는 선행국가로 거듭나기를 희구할 뿐이다. 그렇지 않으면 국제사회의 미움을 받아 고립될 뿐만 아니라 응징의 대가가 상상도 못하게 커질 수 있기 때문이다. 특히 북한은 핵무기 보유국이 되려고 핵실험을 계속하지만 손바닥만한 나라에서 핵물질을 만지작거리다가 자멸하겠다는 것인지 일본이 원자탄 2발로 망한 사실을 거울삼아야 한다.

나는 2010년 봄 서해 백령도 해상에서 저지른 북한의 비인도적 만행으로 전사한 46명 영령의 시신을 건지기 위한 천안함 인양 TV 화면을 보면서 하염없이 눈물을 흘렸다. 단 몇 명이라도 기적의 생환을 간절하게 기대했지만 천도는 무심하여 종무소식이었다.

그래서 충혼을 달래기 위해 한시 3수를 읊었다.

2010년 4월 19일 천안함 침몰을 슬퍼하다

西海悲歌淚漸流(서해비가누점류) 서해 바다 슬픈 노래에 눈물 흐르니
芳年何以遇恨秋(방년하이우한추) 꽃다운 나이에 어찌 원한의 때를 만났는고
可憐天際幽冥在(가련천제유명재) 슬프다 하늘가 그윽하고 어두운 곳에 계시니
松栢千年使裔愁(송백천년사예수) 송백 천년에 후손들로 하여금 슬퍼하리라

2010년 4월 24일 천안함 함수 인양을 보다

피침천안호인선
被沈千安號引船 격침당한 천안호를 끌어올리니
고혼침수전처연
孤魂浸水轉凄然 외로운 혼 물에 젖어 더욱 처량하도다
백령심해유명처
白翎深海幽冥處 백령도 깊은 바다 그윽하고 어두운 곳에서
환득영령영세전
還得英靈永世傳 죽어 돌아온 영령을 긴 후세에 전하리라

2010년 4월 29일 천안호 영결식을 보다

사육혼령영결친
四六魂靈永訣親 四六용사의 혼령 어버이 곁을 영원히 떠나가니
나망은의불귀인
那忘恩義不歸人 어떻게 길러주신 은의를 잊고 불귀인이 되었는고
부운천상유연거
浮雲天上悠然去 하늘 위 뜬구름이 아득하게 날아가니
유기충정헌일신
惟其忠情獻一身 오직 나라 위한 충정으로 이 한몸 바쳤도다.

이상에서 동양 4국의 성쇠흥망을 개설하여 그것이 어떻게 운명에 부합되었는지 여부를 살펴보았다.

다음에는 공자가 문언전 적선구절에서 언급한 '신하가 임금을 시해하고 자식이 아비를 죽이는 끔찍한 일도 그 원인은 하루아침에 생겨난 것이 아니다. 오랜 시일에 점차로 모이고 쌓여온 것이다. 그 점차로 자라나는 악의 징조를 눈치 채면서도 이것을 빨리 분별하지 못한 때문이다'라는 뜻으로 이런 경우에는 악의 싹을 빨리 도려내 앞으로 더 큰 후환이 없도록 하라는 엄중한 교훈으로 받아들여진다. 또한 대국적인 관점에서도 앞으로 혹여 어느 나라에서 아직도 이러한 부도덕한 침략행위를 노정한다면 망설일 것 없이 바로 UN 안보리에 호소하여 악의 싹이 더 이상 커지지 않도록 베어버리라는 뜻으로 이해된다.

'그래야 항구적인 세계평화가 유지되고 그렇지 못하면 불가능할 것'이기 때문이다.

현대인의 미래보감

지은이 / 朴 柱 陽

펴낸이 / 朴 柱 陽

펴낸곳 / 도서출판 주양문화사
신고확인 / 제2011-000005호
찍은날 / 2016년 11월 25일
펴낸날 / 2016년 11월 30일
주소 / (463-440) 경기도 성남시 분당구 판교원로46 1204동 504호
(운중동 산운마을)
전화 / 031-8016-9222
H.P / 010-3012-2974
팩스 / 031-8016-9222
ISBN / 978-89-965794-3-4

값 16,000원